中华文化对外传播的历程及路径策略选择

王 孟 ◎ 著

中国书籍出版社
China Book Press

图书在版编目（CIP）数据

中华文化对外传播的历程及路径策略选择 / 王孟著.
北京：中国书籍出版社，2024.6. -- ISBN 978-7-5068-
9916-1

Ⅰ. G125

中国国家版本馆 CIP 数据核字第 2024B3C946 号

中华文化对外传播的历程及路径策略选择
王　孟　著

图书策划	邹　浩
责任编辑	吴化强
责任印制	孙马飞　马　芝
封面设计	博建时代
出版发行	中国书籍出版社
地　　址	北京市丰台区三路居路 97 号（邮编：100073）
电　　话	（010）52257143（总编室）　　（010）52257140（发行部）
电子邮箱	eo@chinabp.com.cn
经　　销	全国新华书店
印　　厂	晟德(天津)印刷有限公司
开　　本	710毫米×1000毫米　1/16
印　　张	10.25
字　　数	186千字
版　　次	2025 年 1 月第 1 版
印　　次	2025 年 1 月第 1 次印刷
书　　号	ISBN 978-7-5068-9916-1
定　　价	78.00元

版权所有　翻印必究

作者简介

王孟，男，1977年9月生，2007年毕业于武汉大学，中共党员，硕士，现任安阳工学院外国语学院党总支书记、副教授。主要从事英语教育、中西方文化比较、翻译等方面的研究。先后主持参与省部级、地厅级项目10余项，获地厅级社科成果奖7项，主编参编著作3部，发表高水平学术论文10余篇。

前　言

　　习近平总书记历来高度重视中华优秀传统文化的传承与发展，强调："我们一定要重视历史文化保护传承，保护好中华民族精神生生不息的根脉。"中华优秀传统文化是中国特色社会主义植根的文化沃土，是当代中国发展的突出优势，亦是新时代推动文化繁荣、建设文化强国的宝贵资源。习近平总书记在文化传承发展座谈会上指出，"要以时代精神激活中华优秀传统文化生命力，使中华优秀传统文化传承有抓手、发展有路径、保护有成效，以守正创新的正气和锐气，赓续历史文脉，谱写当代华章，不断铸就中华文化新辉煌。"

　　本书旨在深入探讨中华文化对外传播的历程、路径及策略选择，全面概述了中华文化对外传播的现状与特点，深入分析其影响因素，关注如何在对外传播过程中维护中国文化的安全，以确保其传播的真实性和有效性，以期能够更好地理解中华文化在国际舞台上的角色和影响，为推动中华文化的繁荣与发展做出更大的贡献，促进世界各国之间的文化交流与理解，构建一个更加和谐、包容的世界。

　　本书在编写过程中，参考和借鉴了近些年国内外的相关研究文献，在此一并表示感谢。由于作者水平有限，不妥之处在所难免。欢迎各位读者和专家批评指正，以便再版时修改补充。

目 录

第1章　中华文化对外传播概述 ………………………………… 1

1.1　中华文化 …………………………………………………… 1
1.2　中华文化对外传播 ………………………………………… 16

第2章　中华文化对外传播的历程 ……………………………… 18

2.1　中华文化对外传播历史 …………………………………… 18
2.2　中华文化对外传播特点分析 ……………………………… 56
2.3　中华文化对外传播的因素 ………………………………… 61

第3章　新时代中华文化对外传播要素分析 …………………… 64

3.1　中华文化对外传播的内容 ………………………………… 65
3.2　中华文化对外传播主体 …………………………………… 79
3.3　中华文化对外传播媒介 …………………………………… 85
3.4　中华文化对外传播受众 …………………………………… 92

第4章　新时代中华文化对外传播路径策略选择 ……………… 99

4.1　政府引领中华文化传播 …………………………………… 99
4.2　社会组织主导中华文化传播 ……………………………… 126
4.3　发挥企业的主角作用 ……………………………………… 130
4.4　鼓励个人广泛参与 ………………………………………… 135

第5章 新时代中华文化对外传播路径策略选择 ······ 140

5.1 维护中国文化安全的缘由 ······ 140
5.2 维护中国文化安全的内涵 ······ 141
5.3 维护中国文化安全的有效路径 ······ 144
5.4 维护中国文化安全传播的价值与意义 ······ 150

参考文献 ······ 152

第 1 章
中华文化对外传播概述

1.1 中华文化

中华文化是世界上历史悠久、内涵丰富的文化之一，是中国人民几千年来共同创造、传承和发展的宝贵文化遗产。其深厚的历史积淀、丰富的文化内涵和独特的价值观念，构成了中华民族独特的精神家园。中华文化的概念广泛而深刻，不仅包括了古代文明的传承与发展，还融合了各个历史时期的文化成就和精华。其内容丰富多样，涵盖了诗词歌赋、书法绘画、礼仪风俗、宗教信仰、建筑艺术、传统医药等方方面面。中华文化不仅对中国人民的思维方式和生活方式产生了深远影响，也在世界范围内产生了重要影响，为人类文明的发展做出了卓越贡献。

1.1.1 中华文化的概念

文化内涵十分丰富，外延非常广泛。美国人类学家阿尔弗雷德·克洛依伯和克莱德·克拉克洪 1952 年出版的《文化：概念和定义批判分析》一书搜集了 100 多个关于"文化"的定义，不同领域的学者分别从哲学、历史、社会、艺术、心理、教育、人类学等学科来认识文化。公认的、最具代表性的文化定义被认为是，英国人类学家爱德华·泰勒于 1871 年，在其著作《原始文化》中提出，"文化是一个复合整体，包括知识、信仰、艺术、道德、法律、习俗以及任何人作为社会成员所获得的能力和习惯"。① 这里文化的定义既包括精神层面的内容，

---

① ［英］泰勒著，连树声译.原始文化：神话、哲学、宗教、语言、艺术和习俗发展之研究——原始文化经典译丛［M］.桂林：广西师范大学出版社，2005.

又包括这些精神内容所影响的社会成员的行为习惯。在汉语中文化一词包含"人文教化""以文教化"的含义,《周易·贲卦·象传》有言:"欢乎天文,以察时变;观乎人文,以化成天下"。① 文化的实质是"人化"、是"化"人,文化又可以看作"人化"和"化人"相统一的活动过程。所谓"人化",就是给外在世界打上人类思想和意识的烙印;"化人"即指文化对人的影响和作用,是文化的传播和扩散。外在世界,将会产生什么样的文化,"人化"的方式决定了文化的特征和内容。每一代人都生存于文化之中,继承前人创造的文化,受文化的熏陶和影响,并在自己的行为中显现出这种影响;同时,通过自己的生产生活实践不断创新,使文化得以生存、传播和进化。

霍桂桓从文化软实力角度来定义文化:"这种具有动态性的、不断发展变化的、作为'人化'过程的'文化'过程本身,实际上也就是某一个民族国家通过充分开发和发挥其特有的文化所具有的吸引力,潜移默化地对其他民族国家及其具体成员的精神世界施加特定影响的过程。"② 梁启超认为文化是人类心能所开释出来的有价值的共业;而蔡元培认为文化是人生发展的状况;梁漱溟认为文化是生活的样法;陈独秀主张把文化定义为文学、美术、音乐、哲学和科学;贺麟从"心物合一"出发,认为文化就是经过人类精神陶铸过的自然;胡适则认为文化是一种文明所形成的生活的方式。

依据唯物史观的基本原理,人类社会的存在分为社会存在与社会意识,而人类生产方式又包含物质生产与精神生产两大部分。与此相适应,文化也必然存在与物质和精神相区分的层次划分。

马克思曾指出,"经济学家蒲鲁东先生非常明白,人们是在一定的生产关系中制造呢绒、麻布的。但是他并不明白,这些一定的社会关系同麻布一样,也是人们生产出来的。社会关系与生产力密切相联。随着新生产力的发展,人们改变自己的生产方式,随着生产方式即谋生的方式的改变,人们会改变自己的一切社会关系;人们按照自己的社会关系创造了相应的原理、观念和范畴。"③ 可见,

---

① 杨天才,张善文.周易[M].北京:中华书局,2022.
② 霍桂桓.文化哲学论要[M].北京:中国社会科学出版社,2011.
③ 马克思,恩格斯.马克思恩格斯全集[M].北京:人民出版社,2013.

马克思将文化的存在划分为三大层次：最外围的是以呢绒和麻布为代表的物质文化层次；再往内则是与物质文化紧密相连的社会关系的生产，即制度文化层次；最核心的则是人们以社会关系为基础创造的价值观、理念等社会意识存在，即观念文化层次。物质文化、制度文化和观念文化之间存在着紧密的内在联系，彼此之间无法割裂。然而，观念文化在文化系统中扮演着核心的角色。

中华文化，传承自远古至今，经历了有巢氏、燧人氏、伏羲氏、神农氏（炎帝）、黄帝（轩辕氏）、尧、舜、禹等时代的演变与发展，至中国历史上第一个中央集权国家夏朝的建立与发展，距今已有约5000年的悠久历史。中国，这个拥有灿烂文化的国家承载着丰富多彩的文化元素，屹立在世界东方，成为人类文明史上的重要篇章。从古至今，中华文化以其博大精深、源远流长的特点，孕育了诗文歌赋、儒家道家佛家等思想体系，创造了汉字文字、中国画、中国书法等独特艺术形式，形成了春节、清明、端午、中秋等丰富多彩的传统节日，构建了尊老爱幼、敬师重道、和谐相处等传统价值观念。这些文化元素不仅在中国历史长河中熠熠生辉，也对世界文明产生了深远影响，为人类文化的多样性和丰富性做出了重要贡献。如今，中华文化不仅在中国大地上薪火相传，还在全球范围内得到了广泛传播与认同。作为世界上最古老的文明之一，中华文化继续为世界文明的交流与融合提供着独特的动力和智慧，为构建人类命运共同体、推动世界和平与发展贡献着中国智慧和中国力量。

我们所讨论的文化是狭义的文化概念，是最核心的精神文化或观念文化层次，文化走出去最本质的应是核心价值观走出去。① 中华文化是指以中原文化为基础不断演化、发展而成的中华特有文化，包含民俗、戏曲、棋艺、茶道、中国传统乐器、文人字画等类别，历经千年以上的历史演变，成为了世界上最古老的文化之一，也是世界上持续时间最长的文明之一，博大精深、浩如烟海。从历史的角度看，中华文化既包括世界古典文化系列中唯一没有中断的中华传统文化，还包括以马克思主义为指导的社会主义文化。走出去的中华文化应该是主流文化和先进文化，既包括绵延几千年传统文化的精髓，又包括自中国近代以来不断发

---

① 曲慧敏.中华文化走出去战略研究［D］.北京：北京外国语大学，2012.

展形成的现代文化的主流，即五四运动以来形成的革命文化传统——红色文化和改革开放以来学习借鉴国外文化的有益成果，兼收并蓄、博采众长，与现阶段的经济政治相适应的中国特色社会主义文化。中华文化对于中国人的生成和发展起着决定性的作用，主要包括中国人特有的文化符号，语言、书法、绘画等。中国人特有的核心价值观，包括世界观和人生观；中国人特有的风俗习惯和生活方式，以及生活价值取向；还有中国人独特的社会交往方式和生产方式，形成了民族的、集体的和社会的文化认同。其中，思想精神和情感，尤其是数千年来积淀形成的价值观念体系，是走出去的核心和灵魂。

1.1.2 中华文化的内容

中华文化历经上下五千年，其内容丰富多彩，主要包括地域文化、哲学及思想文化、身份文化、宗教文化、服饰文化、汉字文化、文学文化、史学文化、建筑文化、教育文化、艺术文化以及经济文化等方面。这些文化元素相互交融，共同构成了中华民族独特的精神面貌和文化特色。

中国的地域文化经过几千年的发展，不同地区形成了独具特色的文化体系，同时也保留着中华文化的共性。这些地域文化可以大致分为长江文化、黄河文化、大陆文化和海洋文化。长江文化主要分布在中国南方地区，包括楚文化、荆楚文化（湖湘文化）等。长江文化以其优美的自然风光、丰富的水乡文化和灿烂的历史文化而闻名。楚文化源远流长，体现在音乐、舞蹈、戏曲、文学等方面，其代表性文化遗产有楚剧、楚辞等；而荆楚文化则融合了湖南、湖北的文化特色，以湖南、湖北地区的美食、民俗、建筑等为代表。黄河文化主要分布在中国北方地区，包括中原文化、秦陇文化等。黄河文化以其古老的历史、悠久的文化传统和雄浑的民族气质而著称。中原文化是中国古代文明的重要组成部分，有着丰富的历史遗产和文化资源，如中原地区的古都洛阳、开封等都是中国历史文化的重要象征。秦陇文化则主要体现在黄河上游的陕西、甘肃等地，以兵马俑、嘉峪关等历史遗迹为代表。大陆文化主要指中国内陆地区的文化，包括孔庙、文昌庙祭祀等文化。大陆文化强调礼仪、孝道、传统价值观念等，是中国传统文化的重要组成部分。孔庙是供奉孔子和孔子弟子的场所，是中国儒家文化的重要象征；而文昌庙则是供奉文昌帝君的神庙，主要用于祭祀文学考试的神灵，是中国古代文化教育的代表之一。海洋文化主要分布在中国沿海地区，包括妈祖信仰、海上丝绸之路等文化。海洋文化强调海洋与人的紧密联系，妈祖信仰是中国南部沿海地区的一种民间信仰，崇拜海神妈祖，以保佑渔民和航海人的安全。海上丝绸之路是古代中国与世界其他地区进行文化交流的重要途径，促进了东西方文化的交流与融合。

在中华上下五千年的历史长河中，诞生了无数朝代，也孕育了灿烂的哲学及思想文化，这些文化传承与创新，如同一颗颗明珠镶嵌在中华文明的宝石链上，熠熠生辉。先秦诸子学是中国古代哲学的重要开端，包括诸子百家，如孔子的儒家、老子的道家、墨子的墨家、韩非子的法家等，这些思想流派在不同方面提出了各具特色的理论，为中国哲学的发展奠定了基础。两汉经学以儒家经典为主要内容，强调礼义道德，影响了中国社会的政治和文化。魏晋玄学则在东晋至北宋时期兴盛，主张"道法自然"，强调个人修养与内心的自由。隋唐佛学兴盛于隋唐时期，佛教思想与中国传统文化相互融合，形成了独特的中国佛教文化，对中国社会产生了深远影响。宋明理学则在宋明时期达到了巅峰，强调"格物致知"，推崇经世致用的实践主义思想，成为中国古代哲学的重要流派之一。清代朴学则追求本源、择善固本、修身齐家治国平天下，强调个人修养和社会和谐。每一种新的思想文化的诞生，都是对旧的思想文化的扬弃、继承与改造，是对过往经验的总结和反思，也是对社会问题的探索和解决。这些思想文化的传承与发展，不仅丰富了中华文化的内涵，也推动了中华文化的不断进步和发展。在当今世界多元文化的交流中，中华哲学及思想文化依然具有重要的现实意义和历史价值，为人类文明的发展贡献着中国智慧和中国方案。

在中国传统社会中，身份文化扮演着至关重要的角色。古代中国社会按照士、农、工、商四种身份进行分类，而在现代，士阶层已被学者、专家、知识分子所取代。然而，其他三种身份仍然在中国社会中存在，并且保留了各自的特色，不同身份阶层之间拥有着独特的文化特征。

农民文化强调农民与自然的和谐相处以及耕作生活的艺术，注重季节性的农事活动，尊重自然规律，并倡导简朴而实用的生活方式。田园诗、山水画等艺术形式也反映了农民文化对自然景观的热爱和理解。工商阶层涉及到商业贸易、手工艺品制作等方面的文化,这一阶层强调经商、手工艺等技能的重要性,推崇商业智慧和手工艺的精湛技艺。商业家常常通过经商致富来提升自己的社会地位,并在社会中扮演着重要角色。工商文化也包括了商业道德、商业规则等方面的内容。

中华文化的宗教文化以儒、释、道三教为核心,其中儒教和儒家是两个相关但不同的概念。儒教强调通过宗庙、祠堂祭祖以及君主的教化来确立正统思想地位,提倡仁义礼智信等核心价值观,并强调个人修养、社会秩序和治理。儒家则是指儒家学派及其学说,涵盖了儒家经典、学者及其思想体系。释指的是佛家,佛教最早约在西汉时期传入中国,经过与汉文化的不断融合和发展,逐渐成为中国传统文化的重要组成部分。佛教强调解脱生死轮回的观念,提倡禅定、慈悲、舍己等精神,对个人修行和内心觉悟有着重要影响。道教则是中国的本土宗教,起源于古代中国,强调与自然和谐相处、修炼内丹、追求长生不老等理念。道教在中国文化中扮演着重要的角色,影响着人们的价值观、生活方式以及文化传承。儒、释、道三教的共同点在于它们都对中国文化产生了深远影响,塑造了中国人民的思想观念和行为方式,成为中华文化不可或缺的重要组成部分。

中华文明的服饰文化源远流长,从三皇五帝时期到明代,汉服一直代表了中华文明的主体服饰。汉服以其简洁、端庄的特点,体现了古代中国人的审美观念和价值观。随着社会的不断发展,当前许多年轻人参与到复兴汉服的过程中。复兴汉服不仅仅是对传统文化的一种追忆和纪念,更是对自身文化认同的一种表达。年轻人通过穿着汉服,表达对传统文化的热爱和尊重,同时也传承了中华传统文化的精髓和价值观念。复兴汉服的运动不仅仅停留在服饰的复原和传承上,还涉及对汉服文化的研究和传播。越来越多的人开始了解和学习汉服的历史背景、款式特点以及穿着礼仪,为汉服文化的传承和发展注入了新的活力。总的来说,汉服作为中华传统服饰文化的重要组成部分,正在经历着一场复兴的浪潮。这不仅是对传统文化的一种回归,更是对中国文化自信和传统价值观的一种表达。

汉字文化是中华文化的重要组成部分,不仅在中国地区广泛应用,也被一些汉文化圈的国家所使用,是传承中华文化的主要载体之一。汉字的演化经历了漫长的历史过程。起初,汉字是从图形符号逐渐发展而来的。在漫长的历史发展中,汉字经历了多个阶段的变迁和演化,如金文、隶书、楷书、行书、草书等,每个阶段都有其独特的风格和特点。金文是古代汉字最早的书写形式之一,具有浓厚的艺术风格和历史意义。隶书是汉字书写形式的规范化阶段,具有端庄、简洁的特点,是书法发展的重要里程碑。楷书则是汉字书写形式的进一步规范化和美化,被奉为书法艺术的典范。行书和草书则是书法艺术的发展阶段,具有浓厚的艺术性和个性化特点。行书在楷书的基础上发展而来,书写流畅,具有一定的书法功底要求;而草书则更加潦草、自由,是书法艺术中的另一种风格。现今的汉字主要分为正体中文(繁体)和简化汉字(简体)两种形式。繁体字保留了古代汉字的一部分形态和结构,主要在中国台湾、香港、澳门等地使用。简体字则是在20世纪中期由中国政府推行的一种简化汉字形式,目的是提高文字识字率和书写效率。总的来说,汉字文化作为中华文化的重要组成部分,承载着丰富的历史和文化内涵,通过汉字的传承和发展,人们能够更好地理解和感受中华文化的博大精深。

文学文化包含中国神话、中国寓言、中国典故、中国小说、中国古典四大名剧、戏剧文学、四大名著、新文化运动、中国诗词、唐诗、宋诗、宋词、古文运动、元曲、话本、明清小说、清词、现代诗、现代散文。中国古代文学在宋明时代发展到最高峰,在明代,出现大量小说影射和讽喻社会及政治现实,当然也有不少作品专注于爱情的描写,如"三言""二拍"。

中国史学在传统上通常分为正史和野史两大类。正史包括了一系列正式编纂的历史文献,其中最为著名的是"二十四史",由历代官修的正史汇编而成,其内容从《史记》一直延续到明代的《明史》。除了"二十四史"之外,还包括其他纪传体史书名称,如《罪惟录》《逸周书》《竹书纪年》等,以及编年体、纪事本末体、实录体等不同形式的历史著作。其中,《资治通鉴》是中国历史上最具代表性和影响力的通史,由司马光撰写,以其纵横贯通的编排方式和较为客观的史观而闻名于世。《续资治通鉴长编》是明代学者张溥续写的《资治通鉴》的长篇版本,对历史资料的整理和补充都十分详尽。近代,出现了一批杰出的历史学家,被称为"史学四大家",包括吕思勉、钱穆、陈寅恪、陈垣等人。他们在史学研究领域做出了卓越的贡献,对中国历史的研究和理论建设产生了深远影响。除了正史之外,野史也是中国史学的重要组成部分。野史是指非官方编纂的历史文献,包括各种历史传说、野史小说、民间传承等。虽然野史的可信度较低,但在一定程度上反映了民间对历史的理解和记忆,对研究中国历史和文化也有一定的参考价值。总的来说,中国史学在漫长的历史发展中形成了独特的传统和特色,通过对正史和野史的研究和整理,人们能够更全面地了解中国的历史、文化和传统价值观。

中国的教育文化经历了漫长而丰富的历史发展。自汉武帝罢黜百家,独尊儒术以来,中国进入了长达两千多年的儒学教育时期。在这个时期,儒家思想成为中国教育的主流,对教育制度和学术发展产生了深远影响。隋朝时期建立了科举制度,这是中国古代的一种选拔人才的考试制度。通过科举制度,可以选拔出优秀的人才,为政府机构和社会各个领域提供人才支持。宋朝时期兴建了许多书院,这些书院成为学术研究和人才培养的重要场所。书院不仅是学术交流的平台,还培养了许多优秀的学者和官员,对中国的文化传承和学术繁荣起到了重要作用。然而,到了近代,中国的教育制度发生了重大变革。在1905年,清政府宣布废除科举制度,这标志着中国传统教育制度的结束。随后,西方的教育理念和制度开始在中国广泛流行,西学东渐成为时代的主题。在现今的中国大陆,实行着高考制度,这是一种综合考评学生知识和能力的选拔制度,对学生的升学和未来发展有着重要影响。而在中国台湾地区,则实行学力测验制度,通过考试评价学生的学业水平和能力,作为升学和就业的重要参考依据。总的来说,中国的教育文化经历了漫长而丰富的历史,传承了儒家思想的精华,又吸收了西方教育理念的精髓。教育制度的变革和发展,反映了时代的变迁和社会的进步,为培养人才和促进社会发展做出了重要贡献。

建筑文化是中国文化的重要组成部分,涵盖了多个方面的内容,包括宗教建筑、宫殿建筑、雕刻建筑、墓葬建筑、运河以及南北园林等。宗教建筑在中国历史上占据着重要地位,包括佛教寺庙、道教观、伊斯兰清真寺等,这些建筑不仅具有宗教功能,还是中国建筑艺术的重要代表之一,展现了中国人民对信仰的崇敬和对美学的追求。宫殿建筑是中国古代皇家权力的象征，不同朝代的宫殿建筑风格各有特色。譬如，古代的紫禁城是明清两代的皇家宫殿，体现了严谨庄重的宫廷建筑风格；而唐代的大明宫则是规模宏大、气势磅礴的代表作品。

雕刻建筑在中国建筑中也占有重要地位，包括雕梁画栋、石窗雕刻、砖雕等，这些雕刻艺术不仅装饰了建筑本身，还反映了中国传统文化的丰富内涵和审美观念。墓葬建筑是中国古代贵族和皇家的陵墓，诸如秦始皇陵、明十三陵等，都体现了中国人对死者的尊重和对来世的追求，也是中国建筑艺术的重要组成部分。运河是中国古代交通运输的重要方式，运河沿线的建筑群落和码头建筑具有独特的历史和文化价值。南北园林则是中国古代园林艺术的代表，以其精致的设计和雅致的景观吸引着无数游客和学者的目光。总之，建筑文化承载着中国悠久的历史和深厚的文化底蕴，展现了中国人民对美好生活的追求和对自然环境的敬畏。这些建筑不仅是物质空间的构造，更是精神世界的体现和文化传承的载体。

艺术文化是中国文化的重要组成部分，涵盖了音乐、舞蹈、戏曲、影视、手工艺、书法与国画等多个方面。每一种艺术形式都反映了不同民族、地区和信仰的表现方式，丰富多彩，承载着深厚的历史和文化内涵。音乐是中国传统文化的重要组成部分，包括了民族音乐、宫廷音乐、宗教音乐等。民族音乐以其多样性和独特的韵律吸引着世界的目光，如古筝、琵琶等乐器演奏以及京剧、粤剧等戏曲音乐形式都是中国音乐文化的重要代表。舞蹈是中国文化中另一个重要的艺术形式，涵盖了民族舞蹈、宫廷舞蹈、民间舞蹈等。每种舞蹈形式都融合了特定的文化元素和传统价值观，如古典舞蹈《白蛇传》、民间舞蹈《大秧歌》等，都展现了中国舞蹈的丰富多彩。戏曲是中国传统戏剧形式的统称，包括了京剧、越剧、评剧等。戏曲通过音乐、唱词、表演等多种艺术手段，展现了中国传统文化的精髓和历史人物的风采，深受人们的喜爱。影视作为现代艺术形式，在中国的发展也日益成熟。中国电影工业在世界范围内有着重要地位，不仅有大量优秀的电影作品获得国际认可，也有众多优秀的电视剧作品深受国内观众喜爱。手工艺、书法与国画则是中国传统文化的重要组成部分，通过手工制作、书写与绘画，传承着中国悠久的文化传统和审美观念，体现了中国人对美的追求和创造力的展现。

经济文化在中国历史上扮演着重要角色，其中江南地区的发展尤为引人注目。自东晋时期衣冠南渡以来，江南逐渐形成了独特的门阀政治和士大夫文化，其影响力遍及江东、浙西、浙东等地区。这种门阀政治和士大夫文化的形成，极大地促进了江南地区的经济发展。

江南地区由于其地理条件和气候环境的优越，以及发达的水利工程，成为中国重要经济的中心之一。特别是在宋代，江南地区逐渐成为中国的经济中心，其繁荣程度在当时世界上也是独一无二的。江南地区经济的繁荣也催生了文学艺术的高度发展。在这个地区，诗人、画家、文人雅士等都活跃于社会之中，他们的作品在中国文化史上留下了深远的影响。同时，景德镇瓷器的出现也为江南地区的经济文化增添了新的亮点。南宋时期，景德镇的瓷器业兴盛起来，成为当时中国瓷器产业的中心之一。南宋官窑的兴盛更是为宋、元、明、清四代的瓷器文化奠定了坚实的基础，其瓷器作品在世界范围内享有盛誉。有资料显示，中国最早的瓷器起源于南方，这也从侧面印证了江南地区在中国瓷器文化发展中的重要地位。江南地区的经济繁荣与文化发达相辅相成，共同构成了中国历史上灿烂辉煌的经济文化景观。

纪元文化在古代中国的历史中占据着重要地位，其纪年方式包括夏历、干支纪年和年号纪年等。夏历和干支纪年是中国传统的纪年方式，而年号纪年则是在历史发展过程中逐渐形成的。不过，随着社会的变迁和国家政权的更迭，纪元方式也发生过变更，如今以公元纪年法为主流。夏历是中国古代最早的一种历法，以夏朝命名而传世。夏历以一年十二个月为周期，采用阴阳合历，每月以朔望月的时间为基准确定月份，同时与干支纪年相结合，如甲子、乙丑等，这种纪年方式深受古代社会的普遍采用。干支纪年，共六十个组合，每六十年为一个周期，它是以天干和地支相配合的方式进行纪年的，如甲子、乙丑、丙寅等。干支纪年是古代中国的一种传统纪年方式，也被广泛使用于历史文献和书籍中。除了夏历和干支纪年外，年号纪年也是中国历史上常见的一种纪年方式。每当一个新皇帝即位或重要事件发生，往往会制定一个新的年号，作为当年的纪年方式。这种方式在中国历史上经常变更，每一个朝代都有其特定的年号序列。然而，随着社会的发展和现代化进程，公元纪年法逐渐成为了中国现代社会的主要纪年方式，它以基督教历法为基础，以公元元年作为起点，用于标记历史事件和年代顺序。

身后文化在中国古代社会中非常重要，特别是对于皇族和贵族来说，谥号和庙号更是至关重要的象征。谥号是对已故君主或贵族进行尊称的一种称谓，常常代表着对其事迹、品德和功绩的赞颂。庙号则是为已故的君主或贵族建立的庙宇所使用的称号，也是对其在人世间的地位和功绩的一种表彰。中国古代的谥号和庙号文化不仅是一种社会礼仪和尊崇方式，也是激励和教化后人的重要手段。君臣之间、父子之间、兄弟之间都会以此来表达对逝者的尊敬和追思，也是对其品德和事迹的传承，这种身后文化也深刻地影响了中国古代诗文文化的发展。许多诗人为了表达对逝者的怀念和敬意，创作了大量优美的挽诗和祭文，这些诗篇不仅富有感情，而且常常运用丰富的象征和比喻，展现了中国古代诗歌的独特魅力。古代文人雅士们也常常以逝者的谥号和庙号为题材进行创作，通过诗文来赞美和颂扬先贤的功德和品德。这些作品不仅是对逝者的追思，也是对古代社会风俗和传统礼仪的再现，反映了古代文化的高度成熟和丰富多彩。

中国古代的文化瑰宝是中华文化的珍贵遗产，代表着中国悠久的历史和丰富的文化传统。《永乐大典》和《兰亭集序》等经典作品无疑是其中的佼佼者，它们不仅在当时具有极高的价值，而且对后世的影响深远。《永乐大典》是中国历史上最大规模的一部百科全书，由明朝永乐皇帝朱棣命令编纂，汇集了当时各个领域的知识，涵盖了科学、艺术、哲学、历史等多个方面。这部巨著在当时就被誉为古代中国文化的巅峰之作，对后世的学术研究和文化传承都产生了深远的影响。然而，由于历史的变迁和各种自然灾害，原件大部分已经遗失，使得对其研究和保护都带来了巨大的挑战。《兰亭集序》则是中国古代书法家王羲之的代表作之一，也是中国书法史上的经典之作。这篇序文以其洒脱自然、笔意遒劲的风格，被誉为中国书法艺术的巅峰之作，对后世的书法艺术产生了深远的影响。然而，原件也面临着保存不易的困境，其珍贵性和历史意义更加凸显了对其保护和传承的重要性。这些文化瑰宝的遗失，确实对中华文化产生了不可估量的损失。因此，保护和传承中华文化的精髓和经典作品显得尤为重要。通过数字化技术的应用、博物馆和文化机构的合作，以及加强文物保护和管理，可以更好地保存这些珍贵的文化遗产，让后人能够继续领略和传承中华文化的博大精深。

中国古代的科学技术在世界历史上有着重要地位,其主要体现在中国古代的四大发明、地动仪、火器等。同时,在西学东渐后,中国人结合西方先进科技创造出的各种发明也为科技的发展做出了重要贡献。中国古代的四大发明包括了造纸术、印刷术、火药和指南针。这些发明不仅在当时引起了巨大的社会变革,也对世界文明的发展产生了深远的影响。造纸术使得书籍的大规模制作和传播成为可能,印刷术进一步推动了信息的传播和文化的普及,火药和指南针则改变了战争和航海的方式,推动了世界各地的交流与发展。地动仪是中国古代的一种测震仪器,用来测定地震的方向和强度,对地震灾害的预防和减轻起到了重要作用。火器则是中国古代发明的一种武器,包括火箭、火炮等,对军事技术的发展产生了深远影响。在科技发展的过程中,中国古代的两个学术派别——兵家和农家发挥了重要作用。兵家注重军事技术的发展和应用,推动了军事科技的进步;而农家注重农业生产技术和农村经济的发展,为中国古代农业文明的繁荣奠定了基础。两个派别相互促进、相互发展,共同推动了中国古代科技的进步。

中国的饮食文化源远流长,不同地域、不同民族之间形成了丰富多彩的饮食传统。其中,汉族的饮食文化尤为著名,其八大菜系代表了中国饮食文化的精髓,分别是川菜、湘菜、粤菜、苏菜、鲁菜、浙菜、闽菜和徽菜。川菜以其麻辣鲜香而闻名,充满了火辣的口味和丰富的调料,代表菜品有麻婆豆腐、水煮鱼等;湘菜则以其酸辣爽口而著称,代表菜品有酸菜鱼、剁椒鱼头等;粤菜注重原汁原味和刀工精细,代表菜品有烧鹅、白切鸡等。苏菜以其清淡细腻而出名,代表菜品有东坡肉、松鼠桂鱼等;鲁菜则以其鲜嫩可口和多样的烹饪方式著称,代表菜品有红烧肉、糖醋排骨等;浙菜注重原料的新鲜和口味的清淡,代表菜品有东坡肉、西湖醋鱼等。闽菜以其海鲜和烤制菜品为特色,代表菜品有福建小吃、东山羊肉汤等;徽菜则以其酸甜微辣而著称,代表菜品有臭鳜鱼、徽州腊味等。除了各种菜系外,中国的饮食文化中还包含着中华茶文化,与欧美茶文化有着明显的区别。中华茶文化强调茶的品质和制作工艺,茶具和茶道也是茶文化中的重要组成部分。茶具精美、制茶工艺独特的茶叶如龙井、碧螺春、普洱等都体现了中国人对茶文化的独特理解和推崇。

酿造文化在中国历史上占据着重要地位,特指酒和醋的酿造。这一文化不仅独立于饮食文化之外，而且在中国古代文学和文化中有着深远的影响。酒文化作为中国传统文化的重要组成部分，具有悠久的历史。中国人民早在数千年前就已掌握了酿造技术，并将酒作为重要的社交和礼仪工具。酒在古代中国社会中扮演着重要的角色，不仅是宴席上不可或缺的饮料，还承载了人们的感情、思想和文化。中国古代文学中充满了关于酒的诗歌、散文和小说，反映了酒在古代社会中的地位和重要性。诗人们常常以酒为载体，抒发情感、抒发哲理、赞美风景，酒文化与中国古代文学形成了紧密的联系。古代中国人还将酒文化与礼仪文化相结合，形成了独特的酒礼文化。在宴席上，酒桌礼仪被视为一种重要的社交规范，人们通过饮酒交流情感、增进友谊，展现了中国古代文化的独特魅力。除了酒之外，中国的醋文化也同样悠久。中国古代人民早在几千年前就已掌握了醋的酿造技术，并将其应用于食物加工和药用等方面。中国的醋文化不仅在烹饪中起到调味作用，还具有保健养生的功效，被视为一种重要的饮食调味品和药材。

中国的体育和竞技在古代具有丰富多彩的发展历史，体现了中华文化的独特魅力和丰富内涵。中国人在古代发明了许多重要的棋类游戏，如中国象棋、围棋和五子棋等，这些游戏不仅在娱乐中受到人们的喜爱，还在智力发展和思维训练方面发挥了重要作用。武术作为中华文化的典型代表，源远流长，融合了中国古代哲学、宗教和民间传统。武术不仅是一种身体锻炼和防身技能，更是一种文化传承和精神追求。各种功夫、太极拳、气功等武术形式都承载着丰富的文化内涵，成为中国传统文化的重要组成部分。古代中国也是足球的故乡，早在两千多年前，中国人就已经开始进行类似足球的活动，称为蹴鞠。蹴鞠是一种古老的球类运动，具有悠久的历史和丰富的文化内涵，在古代社会中备受推崇，并逐渐传播到世界各地。此外，中国的体育竞技还包括射箭、龙舟、相扑等多种形式。射箭作为一项古老的射击运动，曾经在古代军事和狩猎中扮演着重要角色，至今仍然受到人们的喜爱。龙舟赛是中国传统的水上竞技项目，具有浓厚的民俗风情和文化内涵。相扑则是一种古老的角力运动，源自古代中国的民间传统，至今在一些地方仍然保持着传统形式。

中国的医学文化源远流长，自传说中的神农氏尝百草，中国的医学便开始了其漫长的发展历程，至今已有数千年的历史。在中国历史的不同阶段，医学经历了不同的发展阶段和风格，形成了丰富多彩的医学传统。在百家争鸣的时期，诞生了众多的方技和医家，为中国传统医学的发展奠定了基础。其中，两汉时期的张仲景和华佗是中国医学史上的重要人物，他们对中医学的发展做出了重要贡献，创立了许多重要的医学理论和医学实践方法。中医学的核心理论包括天人合一、整体观念、辨证论治等重要理论，还包括望、闻、问、切四诊，即通过观察、听闻、询问和脉诊等方法来诊断疾病和判断病情。中医学还提出了许多重要的病因病机理论，如寒邪、热邪、中气等，这些理论为中医诊断和治疗提供了重要的理论基础。除了中医学外，中国的医学文化还包括了许多其他传统医学体系，如藏医学、蒙医学、维吾尔医学等，这些医学体系在不同地区和不同民族中发展壮大，并且与中医学形成了独特的医学传统。

华人社会文化具有独特的特征，其中社会关系是一个典型的互惠型关系，通常以"家庭"为基础展开。在华人社会中，家庭被视为最重要的社会单位，家庭内部的关系通常由亲情、尊重和互助构成。除了家庭之外，还有一些其他重要的社会单位和称呼，如"世家""帝王家""武家""天家""大家"等，它们代表了不同社会阶层或家族的身份和地位。这些称呼不仅反映了社会结构的多样性，也体现了华人社会对家族和传统的重视。此外，华人社会还以一些特殊的社会组织和机构为特征，如"书院""门派""宗教"等。书院是古代中国的学术机构，不仅是知识传授的地方，也是社会精英和知识分子交流思想的场所。门派则是武术、艺术等领域的组织，代表了特定的传统和技艺。宗教在华人社会中也占据着重要的地位，不同的宗教信仰为人们提供了精神寄托和道德准则。

中国的传统风俗习惯在整个国家范围内具有一定的相似性，但同时也存在着地域性和民族性的差异。有一句古话说："十里一风，百里一俗"，意味着习俗风格会随着地理位置的不同而产生变化。风俗主要分为民风和习俗两个部分。民风是指一个地区或一个民族的文化传统、社会习惯和道德规范，反映了该地区或民族的生活方式、价值观念和精神风貌。在中国各地，由于地理环境、历史文化和民族风情的不同，形成了各具特色的民风。例如，南方地区的民风更加开放和热情，而北方地区的民风则更加沉稳和内敛。这种地域性的民风反映了不同地区的生活方式和文化氛围。习俗是指人们在特定社会背景下形成的某种行为规范和惯例，包括节日庆祝、生活习惯、婚丧嫁娶等方面的习惯。在中国，每个地区都有自己独特的节日庆祝方式和生活习惯。例如，春节是中国最重要的传统节日之一，但在不同地区有着不同的庆祝方式和习俗。此外，婚丧嫁娶等生活仪式也有着地域性的差异，反映了当地的历史文化和民俗风情。

中国自古以来就被称为礼仪之邦，礼仪文化在中国有着悠久的历史和深厚的传统。古代中国的礼仪体系主要被记载于《仪礼》《礼记》《周礼》等文献中，这些文献详细记录了古代中国各种情形下的礼仪规范和程序。中国传统的礼仪文化主要包括五礼，即冠礼、笄礼、婚礼、丧礼和封爵礼，它们构成了中国古代社会生活的重要组成部分。

与从西方传来的商务礼仪不同，中国传统的礼仪文化是一种独特的文化体系，反映了中国人民对于尊重、敬意和传统的重视。在中国传统社会中，人们对于礼仪的重视贯穿于各个方面的生活中，包括日常生活、社交活动、宗教仪式等。尤其是在婚礼、丧礼、冠礼、笄礼等重要场合，礼仪规范更是严格而繁复，体现了对家族、社会和文化传统的尊重。然而，随着社会的变迁和现代化的发展，中国的礼仪文化也在不断地演变和调整。当代中国的礼仪已经趋向于简化和实用，更加注重的是人与人之间的真诚、友好和尊重。尽管如此，婚礼、丧礼、冠礼、笄礼等传统仪式依然保留着其独特的意义和价值，在人们的生活中仍然占据着重要的地位。

中国特色社会主义文化是在中国共产党第十五次全国代表大会上提出并深入阐述的，它融合了中华民族五千年文明史的精髓，同时根植于中国特色社会主义的实践，具有鲜明的时代特点。这一文化体系不仅反映了中国社会主义经济和政治的基本特征，而且对经济和政治的发展起到了巨大的促进作用。中国特色社会主义文化的核心理念之一是要提高全民族的思想道德素质和科学文化素质。这意味着必须加强全民族的教育，培养人们的社会责任感、公民意识和法治观念，同时推动科学技术的创新和文化艺术的繁荣，使全体人民都能够成为有理想、有道德、有文化、有纪律的公民。中国特色社会主义文化的建设是一项长期而艰巨的任务。[①] 在这个过程中,需要通过各种途径,包括教育、宣传、文化产业等,来加强对社会主义核心价值观的宣传和教育,促进社会的思想道德建设和文化繁荣。只有通过不懈的努力,才能够建设一个具有强大精神动力和智力支持的中国特色社会主义文化,为经济发展和社会进步提供持续的动力和支持。

1.2 中华文化对外传播

中华文化对外传播是中国自古至今的重要文化现象,它不仅代表了中华民族五千年文明的精髓,也承载着中国人民的智慧和情感。在漫长的历史长河中,中华文化通过各种方式与世界各地的文明交流互鉴,形成了丰富多彩的文化交流格局,为人类文明的发展作出了重要贡献。从古至今,中华文化的传播历程不仅见证了中国与世界各国的友好交往,也反映了中华民族在不同历史时期的精神追求和文化表达。在当今全球化的背景下,中华文化对外传播不仅是中国文化软实力的展示,更是构建人类命运共同体的重要路径之一。

1.2.1 中华文化对外传播概念

文化传播,又称文化扩散,是指文化从一个社会传播到另一个社会,从一区域传播到另一区域,以及从一群体传播到另一群体的互动现象。这种传播可以分为直接传播和间接传播两种形式。直接传播通常是指具备某种文化的人们通过商队、军队等途径,直接将某种精神或物质方面的文化内容传播到其他社会或地区。例如,古代时期,商队和军队经常是文化传播的主要载体,通过贸易和征战,将新的农艺技术、手工艺品和发明创造等内容传播到其他地区,促进了不同文明之间的交流和融合。间接传播则是一种比较复杂的文化扩散方式,主要指某一社会群体借用外来文化特征中的原理,进行文明创造活动的一种刺激传播。这种传播方式常常需要经历一段时间的吸收、理解和转化过程。例如,欧洲发明瓷

---

① 许云. 用"三个代表"重要思想统领社会主义文化建设 [J]. 新东方, 2002 (6): 73-75.

器是在知道中国瓷器大约200年之后，通过模仿、改良和创新，最终创造出了适合自己环境和需求的瓷器制作技术。

总的来说，文化传播是人类社会发展过程中不可或缺的一部分，它不仅促进了不同文明之间的交流和融合，也推动了人类文明的进步和发展。

1.2.2 中华文化对外传播的发展

关于中华文化对外传播的发展方面，从学术研究的角度来看，从20世纪末至21世纪初，关于"对外文化传播"的文献数量呈现出逐渐增加的趋势。1999年，洪永平在《文化与可持续发展》一文中首次就文化传播进行了探讨。随后，随着中国"文化走出去"战略的提出，对外文化传播成为研究的热点，引起了更多学者的关注和讨论。

特别是在"一带一路"倡议的推动下，一些学者开始专注于探索对外文化传播的多种方式。其中，孔子学院作为中国文化传播的重要平台成为研究的热点之一。一些文献深入分析了孔子学院在对外文化传播中所面临的挑战与问题，以期提供解决方案。另外，还有一些研究则着眼于从文化软实力的角度审视对外文化传播的策略，探讨如何增强国家的文化影响力，这些研究试图深入剖析中国文化在国际舞台上的地位和影响力，并探讨如何通过有效的传播策略提升中国文化的国际地位。

随着互联网和科技的高速发展，部分研究开始将目光聚焦于影视作品或互联网平台在文化传播中的作用与影响，它们尝试探索新的传播途径和方式，以适应信息时代的发展需求，进一步推动中华文化在国际上的传播和交流。

综合而言，这些研究共同构成了对外文化传播领域的丰富探索与讨论，为深入理解中华文化在国际舞台上的地位和作用提供了重要的理论支撑和实践指导。

第 2 章 中华文化对外传播的历程

中华文化对外交流传播历程源远流长，自其初创时期就在以各种形式不断地与其他民族产生交流与融合，早有神农、尧、舜南抚交趾、箕子走之朝鲜等，后随着社会的发展，各个朝代产生的文化交流更是绵绵不绝，秦有徐福东渡，汉有张骞、班超出使西域，晋有法显西行，隋有隋炀帝远征高句丽，唐有鉴真东渡、玄奘西游，宋元时期鼓励海外贸易，和中国贸易的国家和地区已扩大到亚非欧美各大洲，并制定了堪称中国历史上第一部系统性较强的外贸管理法则，促使海上丝绸之路发展进入鼎盛阶段，明朝郑和七下西洋更是遍访 30 多个国家和地区，极大地推动了中西文化交流，促进了中华文化和东南亚、西亚以及东非文化的交流和融合。具有实质意义，对海外国家产生较大、较广泛、较深远意义的海外传播，应该还得从秦朝徐福东渡说起，从那时起，中华文化海外传播共形成了四次大的高潮，下文会一一阐述。

古时丝路漫漫，驼铃声声，陆上"使者相望于道，商旅不绝于途"；海上"舶交海中，不知其数"。历史上这些绵亘万里、延续千年的文化交流与传播的盛况与繁华对我国新时代的对外开放与文化交流具有重大的借鉴与指导意义。本章将以时间为线，详细梳理我国的对外文化交流史，重点分析古丝绸之路带给我们的思考与启迪，以期探究中华文化对外传播特点与影响中华文化对外传播的主要因素。

2.1 中华文化对外传播历史

中华文化对外传播历史源远流长，可以追溯到古代秦、两汉时期，而后在唐朝时期、宋元时期、明清时期等历史阶段都有着重要的发展和影响。这一历史过程见证了中华文化的辉煌与壮丽，也展示了中国与世界各地文明的交流和融合。在这漫长的历史长河中，中华文化的传播不仅带来了中国古代科学、艺术、哲学等方面的成就，也为世界文明的发展做出了重要贡献。让我们一同回顾中华文化对外传播的历史，探索其在世界文明中的独特地位和影响。

2.1.1 秦

在先秦时期，中国历史上的文化交流已经初现萌芽，尽管受到文明开化程度、地理因素和生产力水平等诸多限制，但对外传播的意识、能力、程度和影响范围都十分有限。尽管如此，这一时期的文化交流依然对中国的对外开放和交流产生了重大影响，推动了中国古代文明的发展和壮大。特别值得注意的是《史记》中所记载的徐福东渡事件，这一事件发生在2000多年前的秦朝，是中国古代文化交流史上的一次空前壮举。徐福率领的船队东渡至东南亚和南太平洋地区，开拓了海上丝绸之路，为中国与东南亚、南太平洋地区的文化交流奠定了基础。这次远洋航行不仅促进了中国的海外贸易和文化交流，也为中国古代文明的多元发展和开放奠定了重要基础。因此，虽然先秦时期的文化交流受到诸多条件限制，但通过一系列的探索和尝试，中国古代文明逐渐走向世界，为后世中国与其他文明的交流和融合打下了坚实基础。

秦始皇嬴政在公元前230年到前221年期间，通过灭掉关东六国，实现了中国的四海统一，开创了秦朝的盛世局面。在统一后，秦始皇采取了一系列政策，包括统一文字、货币和度量衡等，使得社会发展取得了巨大进步。这些政策不仅在政治、军事、经济和交通领域有所体现，同时也加速了各民族之间的文化交流与融合。秦始皇利用强大的国力开始进行大规模的经济建设和改革，其中包括四次巡海视察港口等活动。这些行动不仅巩固了秦朝的统一地位，也为开展海外贸易和文化交流奠定了基础。在此背景下，徐福东渡的历史事件发生了，这一历史事件不仅是秦始皇时期对外开放政策的重要体现，也是中国古代文化交流史上的重要篇章，为中国与世界其他地区的文化交流打开了新的大门。

徐福东渡事件在《史记》中共有3次较为重要的记载，然而其中并未明确指出徐福的目的地，这一情况在《史记》中是典型的，因为在司马迁的时代，中国人对日本列岛尚未有明确的认识，甚至没有对其具体地名的了解，更不用说"日本"这一称呼。因此，史书中关于徐福的记载往往没有涉及到他实际到达的地点。此外，西汉以后的历代典籍中也大致如此，没有详细描述徐福的具体航程或目的地。即使在日本的许多辞书和典籍中，对于徐福到达日本各地的记载也较为模糊，因为徐福的行迹往往被传说和神话所包裹，难以从历史文献中找到确凿的证据。然而，民间传说却对徐福的功绩有着许多记载。在日本，人们相信徐福曾经到达过日本的各地，并留下了一些遗迹。这些传说和民间故事为徐福的传奇事迹增添了更多的神秘色彩，这也成就了徐福东渡事件在中国和日本文化交流史上的贡献。

在秦朝时期，中国人对海上存在着一些美丽的岛屿有所认识，他们将这些岛屿称为三神山，分别是蓬莱、方丈和瀛洲。这些岛屿被认为是仙境，是神仙居住的地方。因此，秦朝人开始与这些岛屿展开交往，希望能够接触到神仙的存在，获取神秘的力量或智慧。然而，由于岛屿本身文明开化程度较晚，且缺乏确切的称呼和成熟的社会组织，秦朝人对这些岛屿的认识并不准确。他们将这些岛屿想象为仙境，将之设定为神话传说中的仙居之地，而非真实存在的地理实体。因此，尽管秦朝人开始与这些岛屿进行交往，但对其实际情况了解甚少，仍然存有许多神秘和未知。于是，徐福于公元前219年，第一次上书求仙。《史记·卷六·秦始皇本纪》记载：齐人徐市等上书，言海中有三神山，名曰蓬莱、方丈、瀛洲，仙人居之，请得斋戒，与童男童女求之。于是，遣徐市发童男女数千人，入海求仙人。[①] 在秦始皇的支持下，徐福率领数千名童男童女踏上了入海求仙的道路，但遗憾的是，这次探险以失败告终，徐福未能成功登陆目的地。尽管徐福未能实现入海求仙的目标，但这次探险仍然在中国古代海上探险史上留下了重要的一页。徐福和他的船队的勇气和决心展示了古代中国人对未知世界的探索精神，同时也促进了中国与东南亚、南太平洋地区的文化交流和联系，为中国古代海上丝绸之路的开辟做出了贡献。

---

① [西汉] 司马迁著，郑红峰译. 史记 [M]. 北京：光明日报出版社，2015.

《史记·卷六·秦始皇本纪》记载："徐福等入海求神药，数岁不得，费多，恐谴，乃诈曰：'蓬莱药可得，然常为大鲛鱼所苦，故不得至，愿请善射者与俱，见则连弩射之'。乃令入海者赍及捕鱼具……至之罘，见巨鱼，射杀一鱼，遂并海西。"① 公元前212年徐福第二次出海。当秦始皇又一次东巡见到徐福时，徐福无法解释寻仙药未果的过错，便谎称求仙不得，是因为大鲛鱼挡住了去路。心急如焚的秦始皇又一次相信了徐福的谎言，下令善射者带着捕杀大鱼的工具和武器随徐福出海。此一行人到了之罘这个地方，见到了一条大鱼，杀死之后，便草草收兵返回。

《史记·淮南衡山列传》记载："（秦始皇）使徐福入海求神异物，还为伪辞曰：臣见海中大神，言曰：'汝西皇之使邪？'臣答曰'然。''汝何求？'曰'愿请延年益寿药。'神曰：'汝秦王之礼薄，得观而不得取。'即从臣东南至蓬莱山，见芝成宫阙，有使者铜色而龙形，光上照天。于是臣再拜问曰：'宜何资以献？'海神曰：'以令名男子若振女与百工之事，即得之矣。'秦始皇大悦，遣振男女三千人，资之五谷种种百工而行。徐福得平原广泽，止王不来。"② 上述描述记载的是徐福的第三次出海。公元前209年，秦始皇又来东巡，徐福这次冒着被杀头的危险，再次以谎言蒙蔽皇帝，同时，他也做好了出海不归的准备。这一次，他不仅要求带童男童女去，还考虑到海岛定居后的生产生活所需，要求带着五谷的种子和有各种生产技能的百工同往。徐福如愿以偿地得到了他所需要的，率领一支由童男童女、百工组成的五六千人的巨大的团队，这其中童男童女约三千人，百工约1000人，船夫射手约1000人，且均为精壮劳力。所谓童男童女是指未婚的15到20岁的青年男女，他们成为徐福东渡的有生力量。百工队伍则由精通农耕稻作，铜铁冶炼，木工建筑、医药生产、桑蚕纺织等技术团队的人员。就这样，徐福带领的这一支东渡队伍携带着远古至秦时期的中华文明成果浩浩荡荡地从现在的河北省盐山县千童镇入海。他们辗转漂泊，沿着庙岛群岛到达了朝鲜半岛西岸。他们也曾经在济州岛停泊，现在济州岛上仍然留着纪念徐福的许多遗迹。相传，徐福到达济州岛后，登上了汉拿山，并将其当成了三神山中的瀛

---

① ［西汉］司马迁著，郑红峰译.史记［M］.北京：光明日报出版社，2015.
② 同上注.

洲，在山上留下了"朝天石"的刻石，从此，汉拿山被称为瀛洲山。他们在汉拿山上寻找不老不死的草药，找到了一种叫岩高兰的草。徐福认为此便是不老不死的草，从此人们称之为灵芝或芝草。至今，济州岛上的居民还定时举办徐福祭，纪念这一伟大的历史事件。

徐福一行，最后在日本九州的佐贺永明海湾登录，佐贺地区是日本九州岛上最大的平原。徐福在佐贺一带种植水稻，传播种稻技术；养蚕织布，传播染织技术；采药行医，传播医药文明；冶铁用铁，传授冶炼技术。至今，日本当地的居民仍然保留着对徐福的供奉习俗，并在各地留有关于徐福的多处遗迹。在佐贺市，特别是金立山谷中，建造有"徐福长寿馆"，这座场馆由日本政府投资兴建，中心大厅供奉着徐福的白玉全身坐像。馆内还展示着日本各地的徐福遗址图像，以及介绍徐福东渡事迹的历史画卷。此外，金立神社也供奉着徐福的塑像，是日本供奉徐福最古老的神社之一。在佐贺地区，人们还可以找到徐福登陆地、他的住所、用过的水井、手植的古檀树等遗迹。同时，传说中与徐福有关的一些人物和物品也成为了当地的文化传承的一部分，如思恋徐福的姑娘"阿辰观音像"以及被认为是不老药的植物"弗老弗死"等等。后来，徐福及其随行人员乘船从佐贺向东北移动，在现代的日本和歌山县新宫一带登陆，并留下了明显的足迹。新宫市更是有许多关于徐福的传说与遗迹，有"徐福町"等以徐福命名的街道，有当地人引以为傲的"徐福茶"、"徐福饼"，还有徐福公园、徐福宫、新宫海边的"徐福登陆地纪念碑"，徐福墓，七义士冢（徐福的七位重臣的墓地）等等，可以说整个新宫市就是一座充满着浓郁历史气息的"徐福城"。相传徐福当年在此地寻找过仙药。现今当地仍然流传着一种不老药，这种药与我国天台乌药是同一种植物。

而后，徐福一行继续向东北方向移动，寻找不老不死的仙药。据传说，徐福一行看到了一座巍然屹立、山体丰美的高山，就以为是到了蓬莱山，于是驻足其山脚下，开始登山寻找。如今仍流传着徐福选定仙药——苔桃的传说（富士山的不老药——苔桃），其山，也被命名为"不死山"，"不死山"的发音就是"富士山"，富士山脚下留有徐福石像。徐福一行为当地的人传农耕，授医药，教冶铁，与当地人融合，繁衍生息。在今天的富士吉田市，有多处关于徐福的遗迹。有徐福祈雨祠。祠前立有徐福的汉白玉雕像，还有供奉有徐福像的浅间神社。日本文献《富士古文书》记载：徐福一行奉秦始皇之命到富士山，采不老长寿之药，因此居也。①

徐福一行到达日本后，与当地人民建立了友好的关系，并积极传授了当时中国最先进的农耕、纺织、航海、建筑、医药等技术给日本人民。这些技术的传播和交流，极大地促进了日本的文明发展，为日本弥生时代的到来奠定了基础。徐福及其随行人员所传授的技术不仅提升了日本的生产力水平，也丰富了日本人民的生活方式，推动了日本社会的发展和进步。同时，徐福本人也受到了日本人民的崇敬和爱戴，被视为和平使者和文明使者。徐福的行为不仅仅是中日之间文化、科学、技术交流的先驱者，更是中国文化在海外传播的重要推动者。他的贡献为中日两国之间的友好关系奠定了坚实的基础，为促进中日文化交流和互惠互利合作做出了巨大的贡献。

徐福的东渡背景确实是在秦时期大量的大陆移民东渡的历史背景下发生的。除了徐福东渡外，还有大量的民间大陆移民通过朝鲜半岛陆路东渡到达日本，这种现象也是频繁发生的。在秦汉以前，朝鲜半岛虽然与中国大陆相接，但一直没有归属中国的统辖。由于交通方便，从中国大陆去朝鲜半岛是相对容易的，因此有一些人选择逃至朝鲜半岛。这些大陆移民的涌入不仅是徐福东渡的背景，也是中日文化、人员和经济交流的一部分。他们的到来丰富了日本的人口结构，同时也带来了中国文化、技术和思想，为日本的社会进步和文明发展做出了一定的贡献。这种跨海大陆移民现象，促进了中日两国之间的文化交流和互动，为日本的文明进程注入了新的活力和动力。《后汉书》就记载了中国人到达朝鲜半岛的事实，如《后汉书·东夷列传》记载：秦并六国，陈涉起兵，天下崩溃，燕人卫满避地朝鲜，因王其国。公元前3世纪，燕被灭，从燕逃出的以卫满为中心的大陆移民在朝鲜半岛建立国家，称为卫满朝鲜。② 朝鲜史上也记录有"秦时，燕、赵、齐之避乱者，纷纷入朝鲜半岛定居，其人数当以万记"。此外，《后汉书》记载：辰韩，耆老自言秦之亡人，避苦疫，使韩国，故或名之曰秦韩。逃避秦朝

---

① 梁勇. 徐福东渡—海上丝路前奏 [J]. 当代人，2016 (5)：68-70.
② [南朝宋] 范晔著，李贤等注. 后汉书 [M]. 北京：中华书局，2012.

暴政前往朝鲜半岛也是不争的事实。[①] 在公元 5 世纪前后，朝鲜半岛上的国家与日本相距很近，因此从中国逃亡到朝鲜的人很容易通过朝鲜半岛到达日本。这一时期，大量的大陆移民通过朝鲜半岛登陆日本，给日本带来了先进的生产技术和丰富的文化。这些大陆移民不仅将中国大陆的生产技术带到了日本，还带来了中国的文化、思想和社会制度。他们在日本开垦土地、发展农业、兴建建筑、传授医药知识等方面做出了重要贡献。这些先进的生产技术和文化，为日本的社会发展和文明进步提供了重要支持，也丰富了日本的文化底蕴。

这一时期的大陆移民现象，进一步促进了中日两国之间的文化交流和互动，加深了彼此之间的了解和联系。这种跨海大陆移民的潮流，为日本的文明发展打开了新的窗口，也为中日两国的友好交往奠定了坚实的基础。

在秦朝时期，中华文明远播的壮举，无论是徐福东渡的探索还是普通移民的迁徙，都是秦时期在人类文明史上的重要里程碑，展现了其卓越的地位和深远的影响。秦朝之所以能够取得如此辉煌的成就，根源于多方面因素的综合作用。笔者认为主要原因有三：

第一，敢于变革。秦朝是一个勇于改革的时代，在其建立之初就显露出强烈的变革意识。秦始皇采取了一系列大胆的政治和制度改革，包括统一文字、度量衡、货币等，同时推行郡县制等措施。这些改革不仅提高了国家的行政效率，也加强了中央集权，为秦朝的崛起打下了坚实的基础。在统一文字方面，秦始皇废除了分裂的文字，统一了文字形式，使得各地人民能够更加容易地进行交流和管理。此外，统一度量衡和货币也促进了贸易和经济的发展，推行郡县制则加强了地方行政管理，使得国家更加统一和强大。这种敢于变革的精神，使得秦朝能够迅速壮大，并最终一统天下。

第二，主动交流。秦朝在外交方面采取了积极主动的策略，通过一系列战争征服了周边的诸侯国，最终实现了中国大部分地区的统一。除了征服周边诸侯国外，秦朝还与外族积极开展外交和贸易往来，如与匈奴、胡族等族群进行交流。这种广泛的交流不仅带来了丰富的资源和财富，也促进了文化的交流与融合，为

---

① [南朝宋] 范晔著，李贤等注. 后汉书 [M]. 北京：中华书局，2012.

秦朝的繁荣奠定了基础。通过与各族群体的交往，秦朝不仅扩大了自己的势力范围，还加强了国家的凝聚力和文化影响力。这种主动的交流政策，使得秦朝在外交和贸易上处于领先地位，为其后的长治久安创造了良好的外部环境。

第三，经济发展。在秦朝时期，经济发展成为国家建设的重要支柱之一。通过实施一系列有利于经济增长的政策，秦朝取得了显著的成就。其中，最重要的政策之一是推行均田制。这项政策旨在通过重新分配土地，使农民的耕作土地面积更加均等，从而提高了农业生产的效率。随着土地的合理分配，农民的生产积极性得到激发，农业产量逐渐增加，为国家提供了稳定的粮食供应。另外，秦朝还加强了基础设施建设，其中最具有代表性的是修筑连接南北的大运河。这条运河的建成大大促进了商品和资源的交流，加强了各地之间的联系，为贸易的发展创造了便利条件。同时，运河的存在也加速了农产品和其他商品的流通，提高了市场的活跃程度，进一步推动了经济的繁荣。总的来说，秦朝在经济发展方面的成功，得益于推行均田制、加强基础设施建设以及修筑大运河等一系列政策的实施。这些举措不仅提升了农业生产的效率，也促进了商品流通和贸易活动的繁荣，为秦朝的繁荣奠定了坚实的经济基础。

2.1.2　两汉时期

汉朝是我国历史上的开放时期，在张骞和班超两位开拓者的探索下，伟大的丝绸之路自汉时正式开辟。丝绸之路的畅通不仅推动了汉王朝经济的繁荣，促进了汉王朝文化的多元发展，更是作为连接欧亚大陆的交通线，畅通了东西方的文化和贸易交流，将古代世界几大文明成功相连，是"人类文明的运河"，是一条具有世界意义的道路。在讲两汉时期的文化交流与丝绸之路的发展前，我们需要先了解一下一个不得不提的游牧民族——匈奴。

匈奴，作为古代蒙古高原的游牧民族，生活依赖于草原的丰富资源。他们主要通过捕猎和采集来维持生计，而广袤的草原为他们提供了养殖牲畜的理想环境。这种自然环境的利用使匈奴人能够以较低的成本养活大量牲畜，并以此换取生活所需的物资。然而，草原生活也带来了一系列挑战。匈奴人需要不断地在草原上迁徙，以维持牲畜的生存和生长。草原的季节性规律导致他们必须按时迁徙，以便牲畜获得新的食物和草场。这种迁徙生活的不稳定性使匈奴人面临着许多困难，尤其是在恶劣的气候条件下，生活物资可能会匮乏。由于生存的压力，匈奴人常常会采取掠夺的方式获取生活所需。在草原资源不足或者遭遇天灾人祸时，他们会向周边的农业区发起抢劫，以补充自己的物资储备。另一方面，由于游牧生活的特性，匈奴人很难实现财富的长期积累。因此，他们通常会通过扩张领土来获取更多资源和权力。这导致了匈奴频繁入侵中原地区，成为先秦时期和两汉时期中原国家的巨大外部威胁。

西汉建立之初，汉王朝就一直饱受强悍匈奴的侵扰之苦，只是国运未稳，国力不济，百废待兴，多以和亲、朝奉等方式换取短暂的和平。西汉初年，汉高祖亲率军攻打匈奴，结果，冒顿单于"纵精兵四十万骑围高帝于白登，七日，汉兵中外不得相救饷"。其后，汉将多降，"冒顿常往来侵盗代地"，汉高祖"使刘敬奉宗室女位单于阏氏，岁奉匈奴絮缯酒米食物各有数，约为昆弟以和亲"。

汉文帝时期，"匈奴右贤王入居河南地，侵扰上郡葆塞蛮夷，杀略人民"，汉文帝命丞相灌婴发车骑8.5万攻打匈奴，无奈遇到济北王反叛，遂归。文帝十四年（前166年）匈奴14万骑兵侵扰汉朝那萧关，杀害了北地都尉卬；而后，在彭阳行动，侯骑踏到甘泉。汉文帝大发车骑击匈奴，然而"不能有所杀"，匈奴日骄，"杀略人民畜产甚多"。[①]

汉景帝时期，"胡骑入代句注边，烽火通于甘泉、长安"，亦即匈奴的烽火直通于甘泉。

此后，为了抵御匈奴的威胁，汉王朝逐渐陷入了一个相对封闭的状态，这导致了汉朝与其他文明之间的交流通道受到了一定的限制。这种局面在一定程度上阻碍了汉朝文化的对外传播和影响力的扩展，使得汉朝在与匈奴的长期对抗中，相对孤立于世界舞台的一角。

经过70余年的休养生息，汉朝在汉武帝时期迎来了一段繁荣发展的时期。汉武帝刘彻登基时年仅16岁，但他抱着年轻气盛的决心，着手改革国家，推动各个方面的发展。在这个时期，汉朝的国力大为提升，政治、经济、文化、贸易

---

① 董莉莉. 丝绸之路与汉王朝的兴衰 [D]. 济南：山东大学，2021.

等各个领域都取得了快速的发展。面对历史上频繁入侵中原的匈奴，汉武帝决心对其进行沉重打击，以恢复中原的安定局面。汉武帝认识到，要想解决匈奴问题，必须采取果断的行动，彻底改变以往被动应对的局面。因此，他采取了一系列措施，以加强对匈奴的打击和防御。甘肃有一个叫大月氏的强盛部落，《史记》记载：匈奴破月氏王，以其头为饮器，月氏人遁逃而常怨仇匈奴，无与攻击之。[1] 汉武帝试图通过联合大月氏，对匈奴进行前后夹击，于西汉建元二年，即公元前139年，派郎官张骞出使西域联系大月氏，这一举动标志着对世界产生巨大影响的丝绸之路正式开通。西域的范围极为广泛，不仅包括了我国的新疆、青海和西藏等地区，还涵盖了巴基斯坦和印度等国家。然而，出使西域对于当时的汉朝而言是一项极其艰巨的任务。首先，汉朝对西域地区的了解非常有限，对其地理、民族、文化等方面缺乏深入的了解。其次，西域地区的自然环境极为恶劣，需要跨越险峻的山脉、穿越广袤的戈壁和草原，路程既遥远又充满了各种危险。在古人的认知中，只要过了现在的甘肃，往西一概统称为西域，因此，这片地区对他们来说是一个陌生而神秘的地方。面对如此险峻的地理条件和未知的挑战，汉朝派出的使者需要克服重重困难，勇往直前，才能够完成使命。《史记·大宛列传》中记载：最初，张骞出使时有一百多随从，离开汉朝十三年，只有他和甘父两个人回到汉朝。[2] 由此可见其路途之艰险。其次是匈奴和大月氏的地理位置。匈奴在汉朝西北边，大月氏又在匈奴西北边，去大月氏必须经过匈奴地界。张骞出西域必须经过的河西走廊就为匈奴所控制。匈奴人必然不会容许汉与大月氏的联手，故张骞走到半途就被匈奴人抓住，直到公元前129年，张骞逃走。经过十年的跋涉，张骞终于抵达了大月氏，它位于阿姆河北岸的新领地。阿姆河是中亚水量最大的内陆河，同时也是中亚最大的咸水河——咸海的主要源头。河岸附近的土地肥沃，物产丰富，为当地人民提供了良好的生活条件。此时的月氏"臣大夏而居，地肥饶，少寇，志安乐，又自远汉，殊无报胡之心"。但是，大月氏人民也不断受到匈奴的侵扰和压迫，生活在持续的恐惧和不安之中。张骞的到来给了大月氏人民一线希望，他们寄希望于汉朝的援助，希望能够摆脱匈奴的控制，重

---

[1] 董莉莉. 丝绸之路与汉王朝的兴衰 [D]. 济南：山东大学，2021.
[2] [西汉] 司马迁著，郑红峰译. 史记 [M]. 北京：光明日报出版社，2015.

建他们的家园。然而，张骞到达大月氏时，距离匈奴攻破月氏王国已经过去了20多年，最终，张骞联合大月氏人没有成功，只好离开。张骞返回汉朝的路上，为了避开匈奴的追击，他选择了一条新的路线，然而仍然被匈奴抓住，滞留在匈奴境内一年多才得以逃回汉朝。尽管张骞未能成功达成联合大月氏对抗匈奴的政治任务，但他的西域之行却开创了一个前所未有的历史时代，其影响力及其深远。张骞的西域之行，不仅在汉朝历史上具有重要意义，更是自先秦至西汉时期对西域地区有了比较全面、准确地了解的第一次尝试。通过他的勇敢探索和辛勤努力，汉朝对西域的地理、民族、文化等方面有了更为清晰的认识，为后续汉朝与西域地区的交流和联系奠定了基础。《史记·大宛列传》中记载：①

大宛在匈奴西南，在汉正西，去汉可万里。……有葡萄酒，多善马，马汗血，其先天子马也。……

乌孙在大宛东北可二千里，行国，随畜，与匈奴同俗。控弦者数万，敢战。故服匈奴，及盛，取其羁縻，不肯往朝会焉。

康居……国小，南羁事月氏，东羁事匈奴。

大月氏……始月氏居敦煌、祁连间，及为匈奴所败，乃远去，过宛，西击大夏而臣之，遂都妫水北，为王庭。

安息……最为大国。临妫水，有市，民商贾用车及船，行旁国或数千里。以银为钱，钱如其王面，王死辄更钱，效王面焉。……其西则条支，北有奄蔡、黎轩。②

条支在安息西数千里……有大鸟，卵如瓮。

大夏……其兵弱，善贾市……有市贩贾诸物。

在上文中，《史记》所记载中的大宛位于今天乌兹别克斯坦的费尔干纳盆地，是一个古老而繁荣的城邦，曾经是丝绸之路上的重要贸易中心；康居位于今天巴尔喀什湖和咸海之间的地区，该地区地势平坦，适宜农业和畜牧业的发展；乌孙国曾经占据整个伊犁河流域和西天山的广大土地，包括今天的新疆西北、哈萨克斯坦东南、吉尔吉斯斯坦东部及中部地区；安息位于今天伊朗高原一带，是古代

---

① ［西汉］司马迁著，郑红峰译. 史记 [M]. 北京：光明日报出版社，2015.
② 孟宪实. 张骞的"不得要领"与丝绸之路的开通 [J]. 西域研究，2020 (4)：1-10.

伊朗的一个重要国家,也是丝绸之路上的重要贸易伙伴;奄蔡位于今天咸海至里海一带,是丝绸之路上的一个重要贸易城市,也是东西方贸易的重要中转站之一;条支约位于今天伊拉克境内,是古代美索不达米亚地区的一个重要城邦,也是丝绸之路上的重要贸易中心之一。

随着西汉王朝的不断强盛,匈奴逐渐步步后退。在公元前119年,汉武帝派遣张骞第二次出使西域,旨在进一步巩固汉朝与西域诸国的关系,寻求更多的盟友支持。张骞的第二次出使西域是汉朝对西域地区进行更深入了解和联系的重要举措。汉朝希望通过与西域国家的合作,共同对抗匈奴的侵略,稳定西部边境,确保国家的安全。

张骞的两次出使西域虽然未达到汉朝预期的政治目的,但对汉朝及世界来说都具有重大的震动和刺激作用。他的第一次出使让汉王朝对西域有了一个较为全面与清晰的了解,而第二次出使则向西域各国展示了汉王朝的强盛。通过张骞的两次出使,汉朝与西域诸国之间的关系得到了明显改善。西域各国纷纷派使者东来,表示愿意与汉朝建立友好关系,加强政治、商业、农业和文化等各个方面的交流。这种交流不仅推动了双方的经济发展和文化交流,也为丝绸之路的形成和发展奠定了基础。

在汉朝的攻势下,匈奴步步后退,西域小国陆续被汉朝掌控。公元前60年,汉朝设西域都护府,用来管辖西域所有小国,如鄯善、于田,外加两个大国,大宛和乌孙,其辖区基本囊括了今新疆地区并延伸至中亚,这表明西汉取得了对西域的控制权。这样做成本很高,西域地域辽阔,资源匮乏,汉朝要维持统治必须从中原调集人力和物力,军队后勤花费惊人,而汉朝能获得经济收益极低,这样的管理模式难以持久。西汉末年王莽篡位,中原大乱,西域各国纷纷脱离管辖,西域都护府废弃,中原与西域的联系暂时中断。直到东汉建立后数十年,朝廷才重新经营西域。这就要提到另一位对丝绸之路的开拓产生巨大推动作用与影响的人物——班超。

班超,东汉时期著名军事家、外交家,其长兄班固、妹妹班昭也是著名史学家。起初,班超家境贫寒,靠替官府抄写文书维持生计。后来,汉明帝攻打北匈奴时,班超毅然投笔从戎,表现出色,因此受到了赏识。班超在战后被派遣出使西域，恢复了汉朝与西域的联系。他的外交手腕和卓越才能使众多西域小国重新归顺于汉朝。公元 74 年，东汉重设西域都护府，标志着汉朝重新恢复了对西域的控制，尽管其管理模式已转为以外交为主。班超在西域坐镇近 30 年，凭借高超的外交能力保持了西域的稳定。他不仅在外交上取得了巨大成功，还精心搜集了大量关于西域的情报，并汇编成册，为中原王朝提供了丰富的西域知识，譬如他详细记录了深读的地理位置，使得人们清楚地知道深读位于今阿富汗南部，其范围相当于现在的北印度加巴基斯坦，又称天竺。在晚年，班超的外交成就使得位于今新疆地区的国家全部归属于汉朝，而新疆以外的国家也定期向汉朝纳贡。鉴于其功绩，班超被封为定远侯，成为了东汉时期外交史上的杰出人物，为汉朝的疆域拓展和外交关系的发展做出了不朽贡献。

丝绸之路的开通对沿线地区的发展起到了促进作用，同时也对两汉王朝的政治、经济、文化等方面产生了深远影响，是中国古代历史中一个不可忽视的重要时期和重要事件。接下来笔者将从丝绸之路的开通对沿线地区发展产生的促进作用与对两汉王朝的影响展开叙述。

2.1.2.1 丝绸之路对沿线地区的影响

王建新，关楠楠（2019）指出：早期中华文明通过河西走廊通道不断向外部辐射，与西域乃至世界文明形成互动，成为世界文明整体的重要组成部分。[1]

丝绸之路对西域地区的影响首先表现在农业方面。《汉书·西域传》中有这样记载：[2]

鄯善……地沙卤，少田……民随畜牧逐水草。

乌孙国……地莽平。多雨，寒。山多松槲。不田作种树，随畜逐水草，与匈奴同俗。

西域地区的广袤辽阔和复杂多变的自然环境，极大地影响了该地区的农业发展。高山盆地、草原、沙漠等地形地貌交错，使得西域地区的农业主要集中在绿

---

[1] 王建新，关楠楠. 河西走廊多民族交融发展的历史作用与现实意义 [J]. 西北民族研究，2019 (2)：55-65.

[2] 班固著，颜师古注. 汉书 [M]. 北京：中华书局，2012.

洲地带。这些绿洲位于干旱荒漠地区的河流、湖泊沿岸，山麓地带以及冲积扇地下水出露的地方。然而，受到水资源和土地资源的限制，绿洲农业在西域地区发展受到了很大的限制。由于水源稀缺、土地贫瘠，农业生产受到了严重的影响。尽管西域地区拥有丰富的阳光和温暖的气候，但因缺乏水资源限制了农作物的种植规模和多样性，导致了农业生产的单一化和低效率。据考古学家王炳华（1982）考证，在汉代以前，这一区域未见到任何犁类实物，大都是木制掘土器、木耜等。① 这一观点指出，西域地区尚未进入铁犁牛耕时期，其农业水平相对较低。在丝绸之路的逐渐繁荣下，中西商贸往来日益频繁，这也促进了中原王朝的先进农耕与灌溉技术向西域地区的传播。随着丝绸之路的开通和发展，中原王朝的劳动人民带来了许多先进的农耕和灌溉技术，这对西域地区的农业发展起到了重要的推动作用。例如，铁犁、牛耕等农业工具的引入以及灌溉系统的建设，都为西域地区的农业生产提供了技术支持和条件保障。这些技术的应用使得西域地区的农业生产更加高效和稳定，为当地居民提供了更好的粮食和生活保障。关于西域最有名的灌溉渠道——坎儿井，就有相当多的学者认为这一伟大的水利设施由中原传入。坎儿井在古代称作"井渠"，指将春夏季节渗入地下的大量雨水、冰川及积雪融水利用山体的自然坡度引出地表进行灌溉，以满足沙漠地区的生产生活用水需求。《史记·大宛列传》记载：大宛城中本无井，引用城外流水，后在战事中，外城被困，水源切断，因找到了"秦人"，学了穿井，解决了当时城内严重的断水问题。② 这说明"井渠"或"穿井之法"，当时已由中国内地传至西域，而且已应用到引地下潜流了。

除了农业技术之外，中原地区的铸铁技术也对西域地区产生了较大的影响。虽然西域各国也有铁器生产，但其质量和技术水平远远不能与中原地区相比。中原地区在铸铁技术方面有着悠久的历史和丰富的经验，从古至今一直致力于铁器的生产和改进。其精湛的铸铁工艺、优质的铁矿资源以及完善的冶炼技术使得中原地区的铁器在质量和品质上远远超过了西域地区的铁器。中原地区的铁器不仅在农具、武器等领域具有较高的性能和耐用性，而且在商业贸易和日常生活中也

---

① 王炳华. 新疆犁耕的起源和发展 [J]. 新疆社会科学, 1982 (4): 57-64.
② [西汉] 司马迁著, 郑红峰译. 史记 [M]. 北京: 光明日报出版社, 2015.

发挥着重要的作用。《汉书·陈汤传》记载"胡兵五而当汉兵一","兵刃朴钝,弓弩不利"。①《汉书·西域传上》记载此时的"宛以西至安息国……不知铸铁器"。② 以此可知,西域地区的冶铁技术远落后于中原。丝绸之路开通后,西域诸国在"颇闻得汉巧之后",由原来的"五而当汉兵一"变成"犹三当一"。大宛以西自"汉使亡卒降,教铸作它兵器",汉朝先进的铸铁技术在异域传播开来。

除了铸铁技术之外,张骞通西域后,中原地区先进的生产技术在西域地区得到了推广。这些技术包括冶铁、凿井术、品茶等,都在一定程度上改善了西域地区的生产方式和生活水平。例如,冶铁技术的传播使得西域地区能够更有效地利用当地的铁矿资源,提高了农具和武器的质量和效率。凿井术的推广改善了西域地区的水源供应,促进了农业和生活用水的发展。品茶技术的传入则丰富了西域地区的饮食文化,使人们能够品尝到更加优质的茶叶。此外,中原地区精美的手工业品也传入了西域各地,包括丝绸、珠宝、玉石、铁器、漆器等。这些产品以其独特的工艺和优良的质量吸引了西域地区的人们,丰富了他们的生活和文化,也促进了西域地区与中原地区的贸易往来和文化交流。

2.1.2.2 丝绸之路对汉王朝的影响

文明与文化的交流本就是相互促进、相互发展的过程,文明因多样而交流,因交流而互鉴,因互鉴而发展。丝绸之路的开通不仅对世界文明的交融与发展产生了巨大的影响,同时也为汉王朝打开了认识世界的大门,从西域引进了很多物种、生产技术、思想文化等,影响了中原人民的饮食起居,丰富了中原文明的多样性,对汉朝发展产生了重要的推动作用。

物种引进方面,《汉书·西域传下》中曾描述:殊方异物,四面而至。西域的众多物产,如蚕豆、黄瓜、大蒜、石榴、苜蓿、葡萄、胡萝卜、胡麻、胡瓜、**胡豆、胡桃**等植物及骆驼、驴、汗血马等动物,还有香料,也在此时或以后源源**不断地输入中原**。③ 张弘先生在《战国秦汉时期商人和商业资本研究》一书中对

---

① 班固著,颜师古注.汉书[M].北京:中华书局,2012.
② 同上注.
③ 班固著,颜师古注.汉书[M].北京:中华书局,2012.

域外输入的产品进行了分门别类的研究,发现,其中输入最多的植物类为经济作物。董莉莉博士根据有关记载将丝绸之路开通后自域外传入的经济作物也进行了分类统计,发现从西北地区引入中原地区的瓜果类至少有九种,较丝绸之路开通前增加了近二分之一;蔬菜新增加了胡瓜;调料类增加了胡麻、胡葱、胡荽、胡蒜四种,相比丝绸之路开通前,增加了约三分之一。①

大蒜的引入对中国的饮食文化产生了深远的影响。其独特的风味和丰富的营养价值受到了人们的青睐,成为了中国菜肴中常见的调味佐料之一。无论是炒菜、煮汤还是腌制,大蒜都扮演着重要的角色,为菜肴增添了浓厚的味道和香气。同时,大蒜也被广泛应用于中医药领域,被视为一种具有保健作用的食材,其含有的大蒜素等活性成分对人体健康有着积极的影响。随着时间的推移,大蒜作为中国饮食文化中的重要组成部分,逐渐深入人心,成为了中国人餐桌上的常客。不仅如此,大蒜也成为了中国农民的重要经济作物之一,其种植面积不断扩大,产量逐年增加,为中国的农业经济做出了重要贡献。

《四民月令》是东汉后期崔寔创作的叙述一年例行农事活动的专书。西汉《氾胜之书》到后魏《齐民要术》的出现,中间相隔500多年,期间只有《四民月令》一部农业生产书籍,较全面地反映出当时的农业发展,为当时的农业研究提供了重要线索。贾思勰在创作《齐民要术》时也多次引用书中内容。

该书"四月"条记载:蚕入簇,时雨季,可种黍、禾——谓之上时——及大、小豆,胡麻。

"五月"条记载:时雨降,可种胡麻。先后日至各五日,可种禾及牡麻;先后两日,可种黍。

"七月"条记载:是月也,可种芜菁及芥、苜蓿、大、小葱、小蒜、胡葱。

"八月"条记载:种大、小蒜、芥。

除了各类经济作物和汗血宝马等商品之外,丝绸之路的开通还带来了各种先进的生产技术,这些技术随之传入中原地区,为中原地区的生产生活带来了深远的影响。其中包括西方毛纺织技术、医药学技术、建筑技术等。其中,西方毛纺

---

① 张弘.战国秦汉时期商人和商业资本研究[M].曲阜:齐鲁书社,2003.

织技术的引入，使得中原地区的纺织工艺更加精湛，生产出的纺织品质量更加优良，同时也提高了纺织品的生产效率，满足了人们日益增长的需求；西域地区以其独特的医药传统闻名，其传统医药技术在丝绸之路的贸易往来中传入中原地区，为当地的医药学研究和医疗实践提供了宝贵的经验和技术支持，推动了中原地区医学的进步；建筑技术的传入也为中原地区的建筑业注入了新的活力，西域地区以其独特的建筑风格和工艺技术而闻名，其建筑技术的传入使得中原地区的建筑业得到了丰富和发展，为当地的城市建设和基础设施建设提供了宝贵的经验和技术支持。

由于地理因素，西域部落生活中使用的多为自行生产的毛毯及其他毛织物。毛织物的原料主要为羊毛、兽毛等，这些原料在西域随处可见，但在中原则获取受限，故内地毛纺织技术相较于西域而言发展较为缓慢。《考工记》中记载：先秦时期，"毡之为物，无经无纬，文非织非衽（ren 四声）"。① 这说明，此时中原地区的毛毡制品还没有发展到进行纺捻和编织加工的过程，制作简单粗糙，技术含量低，与之同时的西域及中亚地区已经出现了各式各样的毛织品，如罽（ji 四声：用毛做成的毡子一类的东西）、旃（zhan 同毡）、氍毹（qu shu 毛织的地毯）等等。通过丝绸之路这些毛织品及技术传入中原，并深受人们的喜欢。《西京杂记》记载，汉武帝在修建温室殿时，就规定使用罽宾氍毹做地毯。②

此外，随着丝绸之路传入的还有西域的医学药物。

《汉书》与《后汉书》中记载：

罽宾地平，温和，有苜蓿……种五谷，葡萄诸果。

姑墨国，王治南城……出铜、铁、雌黄。

乌弋地暑热莽平……有桃拔、狮子、犀牛。

在成书于汉代，被称为中医四大经典著作之一的《神农本草经》中记载有以上物种的药用功能：

葡萄，味甘平，主筋骨湿痹，益气，倍力，强志，令人肥健，耐饥忍风寒。久食轻身，不老延年，可作酒。

---

① 闻人军译注. 考工记 [M]. 上海：上海古籍出版社，2021.
② 刘歆著，刘洪妹译. 西京杂记 [M]. 北京：中华书局，2016.

雌黄，味辛平。主恶创头秃痂疥，杀毒虫虱，身邪气诸毒。炼之，久服，轻身增年不老。

犀角，味苦寒，主百毒虫注，邪鬼，瘴气杀钩吻鸠羽蛇毒，除不迷或厌寐，久服轻血。

《开元释教录》也记载，东汉末年，安息国王子安世高，精于佛经翻译与医学，曾把印度的医药翻译成汉语介绍到中国，更是拓宽了中国医药学内容。[1]

西域的建筑风格及技术也对中原的建筑艺术产生了一定的影响。两汉时期是中国建筑发展的第一个高潮，在阶基、构架和雕饰等方面已经完整地拥有中国古建筑构成的雏形，并形成了中国古建的基本类型，包括宫殿、陵墓、苑囿等皇家建筑，明堂、辟雍、宗庙等礼制建筑，坞壁、第宅、中小住宅等居住建筑，以及佛教寺庙等建筑。丝绸之路开通后，西域的建筑风格、艺术元素等又为这一时期的汉代建筑增添了新的光彩，在中原地区的墓葬建筑中开始出现了砖石券拱顶结构。中国科学院院士、建筑学家常青先生等认为在丝绸之路大背景之下，汉代的砖石拱顶技术受到了中亚地区拱顶技术的影响。从两汉砖石拱顶技术的发展演变来看，它受异域影响的可能性比较大。西汉中叶后出现于中原地区的砖石拱顶系统，且与中亚的砖石拱顶系统在许多方面都有着惊人的相似性，[2] 包括东汉时期出现的佛教建筑，如白马寺，均是依照天竺样式建立。

丝绸之路的开通对大汉王朝带来了重要的影响，其中一个突出的影响是思想与文化的繁荣，为汉代文化注入了新的活力和多样性。在这其中，最重要的就是佛教的传入。汉王朝对西域的开拓与经营加强了大汉与西域各国的联系，为佛教在中国的传播创造了条件。佛教思想随着丝绸之路源源不断地从南亚、西亚、中亚传入中国内地，与中国传统思想相互交流、融合，对中国古代的既有信仰产生了深远的影响。佛教的传入为中国社会带来了新的宗教信仰和文化观念。其教义强调慈悲、智慧、舍己等价值观念，对中国人的生活方式、道德观念产生了深远的影响。佛教的传播也推动了中国文化的多元化和开放性，丰富了中国的文化内涵。

---

[1] 智昇著，富世平校. 开元释教录 [M]. 北京：中华书局，2018.
[2] 常青. 两汉砖石拱顶技术探源 [J]. 自然科学史研究，1991（1）：66-69.

佛教艺术、建筑、文学等方面的影响在中国留下了深刻的痕迹，与中国传统文化相融合，形成了独特的文化景观。在丝绸之路的历史长河中，佛教的传播是一座桥梁，连接了东西方文化，促进了文化交流与互鉴。它为中国的文化发展开辟了新的方向，为中国文明的繁荣与多元化作出了重要贡献。

《高僧传》中列举了两汉时期来华的异域僧人，记载如下：①

摄摩腾，本中天竺人，善风仪，解大小乘经，常游化为任。……汉永平中，明皇帝夜梦金人飞空而至，乃大集群臣以占所梦。通人傅毅奉答："臣闻西域有神，其名曰'佛'，陛下所梦，将必是乎？）"帝以为然，即遣郎中蔡愔、博士弟子秦景等使往天竺，寻访佛法。愔等于彼遇见摩腾，乃要还汉地。腾誓志弘通，不惮疲苦，冒涉流沙，至乎洛邑。

竺法兰，亦中天竺人，自言诵经论数万章，为天竺学者之师。时蔡愔既至彼国，兰与摩腾共契游化，遂相随而来。愔于西域获经，即为翻译《十地断经》《佛本生》《佛海藏》《佛本行》《四十二章》等五部。

时有天竺沙门竺佛朔，亦以汉灵之时，齐《道行经》来适洛阳，即转梵为汉。

安清，字世高，安息国王正后之太子也。遂让国以叔，出家修道，博晓经藏……既而游方弘化，遍历诸国，以汉桓之初，始到中夏。才悟机敏，一闻能达，至止未久，即通习华言。于是宣译众经，改胡为汉，出《安般守意》《阴持入》《大、小十二门》及《百六十品》。

支楼迦谶，亦直云支谶，本月氏人。……汉灵帝时游于洛阳，以光和、中平之间传译梵文。

时又有优婆塞安玄，安息国人，性贞白，深沉有理致，博诵群经，多所通习，亦以汉灵之末游贾洛阳，以功号曰骑都尉。

又有沙门支曜、康巨、康孟祥等，并以汉灵、献之间，有汇学之誉，驰于京洛。

上述记载表明，摄摩腾、竺法兰、竺佛朔等天竺僧人是古印度的僧侣，他们

---

① 拉科·益西多杰. 高僧传 [M]. 北京：中华书局, 2019.

通过西域来到中原，成为中国佛教的重要奠基人。同时，安清、安玄来自安息国，支楼迦谶则来自月氏，这些僧人们的到来丰富了中国佛教的人才队伍，促进了佛教的传播与发展。在西汉时期，哀帝知晓天竺有"浮屠经"的存在，而东汉楚王刘英更是因浮屠斋戒而祭祀，汉明帝则梦见金人，派遣使者前往天竺获取佛法。这些皇室成员的举动促使佛教得到官方支持与推广，从而使佛教逐渐成为王公贵族的信仰。随着王公贵族的尊奉，佛教开始在社会上逐渐流行。汉桓帝时期，佛教信仰在百姓中逐渐盛行，形成了一股持续蔓延的趋势。这一历史过程显示了佛教在中国社会中的逐渐普及和影响力的逐步增强，从而奠定了佛教在中国历史上的重要地位。

佛教之所以能在中原民间逐渐被接受传播，主要有以下几个原因：

第一，在秦汉时期，随着大一统的政治基础刚刚奠定，社会信仰的一统观念和体制尚未完全形成，百姓对各种不同的信仰与思想更加容易接受。这种多元的社会信仰格局使得汉代社会信仰呈现出了多样性，人们对各种宗教都持有相对开放的态度，愿意尝试接受新的信仰观念。秦汉时期的社会，处于政治统一的初期阶段，各地区的文化、信仰习俗仍然存在较大的差异。政府对信仰的控制也相对较弱，因此人们在信仰选择上有着更大的自由度。这种宽松的信仰环境促进了不同宗教的传播和交流，也为后来佛教等外来宗教在中国的传播创造了良好的社会条件。同时，汉代社会也具备了开放包容的文化氛围，尊重多元的信仰观念。在这样的文化背景下，人们更愿意接受新的思想和信仰，探索心灵的归宿。

第二，佛教传入中国后确实受到了皇帝与贵族的信奉，这对佛教的传播产生了深远的影响。汉代皇帝如哀帝、孝明帝等甚至亲自派遣使者前往西域求取佛经，这些行动为佛教的传播提供了极大的推动力。政治权威的支持和推广使得佛教在社会上得到更广泛的认可和接受。皇帝亲自出面向西域派送使者获取佛经，不仅体现了对佛教的重视，也向全国宣示了对佛教的支持。这些举措使得佛教的地位在社会上得到了提升，为佛教在汉代社会中的传播提供了有利的条件。贵族阶层也是佛教信仰的重要支持者。他们不仅在政治上支持皇帝的举措，还在社会上积极地推广佛教，捐资修建寺庙、佛塔，以及资助僧人的活动。这些行为不仅为佛教的传播提供了物质基础，也加强了佛教在社会上的影响力。

第三，汉代对待异域文化采取了开放、包容、积极吸收的态度。汉代统治者意识到了异域文化的价值，并愿意借鉴、吸收其中的优秀成果。这种开放的文化氛围为佛教的传播提供了有利的社会环境，使得佛教得以在中原地区逐渐传播开来。杨树增在《汉代文化特色及形成》中总结到：汉王朝在各民族及世界其他国家中的尊崇地位，更增加了每个汉朝人的民族自豪感，使他们胸襟开阔，思想恢弘。[1] 最后，是东汉后期，皇帝年幼，外戚宦官轮流专权，祸乱并起，加上皇权衰微，政治昏暗，中原战乱频繁，社会秩序崩溃，上至达官显贵，下至平民百姓，颇有众生皆苦，生死无常的感觉。在这样的国家环境下，有识之士怀才不遇，空有雄心壮志却报国无门，壮志难酬，普通百姓在现实中看不到希望，甚至时常挣扎在死亡的边缘线。《后汉书·安帝纪》载："（永初三年）三月，京师大饥，民相食。"《后汉书·灵帝纪》载："河内人妇食夫，河南人夫食妇。"于是，人们更是纷纷将灵魂寄托给佛教，以求慰藉和解脱。

除了对宗教和思想的影响，丝绸之路的开通还对汉代的社会生活产生了深远影响。随着丝绸之路的畅通，大量异域物品和文化观念不断传入，汉代社会呈现出了一种新的风貌。首先，丝绸之路的开通带来了异域物品的涌入，如丝绸、香料、珠宝等，丰富了汉代社会的物质文化生活。汉代社会中出现了一种新的风尚，人们开始喜欢吃胡食、听胡乐、看胡舞，甚至穿起了胡服，这些异域文化的影响深入到了汉代社会的方方面面。其次，丝绸之路的开通也改变了汉代人们的生活习惯和居住环境。西来的胡床等家具逐渐取代了汉代人席地而坐的传统习惯，人们开始改变居住方式，采用更加舒适、豪华的床具和家居设施，这些变化也体现了丝绸之路带来的社会生活的新变革。

关于胡食，《太平御览·饮食部》记载：胡饼，作之大漫沍也，亦以胡麻著上也。胡饼，形状大而平整，在饼上撒上胡麻，或烤或烙，十分美味。[2]《后汉书》中更是记载："灵帝好胡饼，京师贵戚皆竞食胡饼。"[3]《三国志·魏书·阎温传》引云：汉桓帝时……郡功曹赵息……从父岐为皮氏长……走之河间，变姓

---

[1] 杨树增. 汉代文化特色及形成 [M]. 北京：人民出版社，2008.
[2] [宋] 李昉. 太平御览 [M]. 北京：中华书局，2011.
[3] [南朝宋] 范晔著，李贤等注. 后汉书 [M]. 北京：中华书局，2012.

李，又转诣北海，着絮巾布衿，常于市中贩胡饼。①《魏略·勇侠传》中的记载说明了东汉末年还出现了以贩运胡饼为生的商人。由此可见，胡饼不仅很受当时社会的喜爱，更是成为了人民日常饮食中不可或缺的一部分。如今在我国新疆，胡饼仍是人们日常的餐桌必备。胡饼在新疆被称之为馕，这个称呼源于波斯语，随着汉代对这种美食的追捧，胡饼又逐渐演化为我国寻常可见的烧饼，包括胡饼上撒的胡麻也备受喜爱。《四民月令》记载，每年二月至五月均有大量胡麻被种植，并逐渐发展成为中国农耕文明的一部分。②

关于胡乐、胡舞。在乐器方面，两汉时期传入的异域乐器有胡笛、羌笛、胡箜篌、琵琶等。2006年5月被列入《第一批国家级非物质文化遗产目录》"羌笛演奏及制作技艺"至今已有两千余年历史。东汉马融载其《长笛赋》中载：近世双笛从羌起。京房君明识音律，故本四孔加以一，君明所加孔后出，是谓商声五音毕。③根据马融的记载，羌笛原应是双管笛。而且，羌笛原本有四孔，传入汉代之后，懂得音律的京房又加了一孔，成为了五孔笛子。

另有竖箜篌，传自西域。《隋书·音乐志》云："今曲项琵琶，竖头箜篌之类，并出自西域，非华夏乐器。"④《通典·乐四》载："竖箜篌，胡乐也，汉灵帝好之。"⑤日本学者林谦三根据文献记载与当时所见的考古发掘，推测竖箜篌传入内地的时间，当在丝绸之路开通之后。他指出：龟兹和汉族，自汉以来就断续地有着交往，竖箜篌既然传到了龟兹，应当不久就能传入中国内地的。在甘肃嘉峪关以东的戈壁滩上发掘的东汉晚期墓中，出土了两块绘有奏乐图的画像砖，较为清楚地刻画了乐师弹竖箜篌的形象，这是竖箜篌在东汉时期已经传入内地最强有力的证据。而且，竖箜篌与内地乐器一起见于伎乐图中，表明了竖箜篌这种胡乐已经成为了汉代社会乐舞活动的一部分了。

在舞蹈方面，胡舞的传入为中国传统舞蹈注入了新的元素与生命力。胡舞，

---

① 陈寿.三国志[M].北京：光明日报社，2015.
② 崔寔著，石声汉注.四民月令[M].北京：中华书局，2013.
③ https://wenku.baidu.com/view/d051b2da07a1b0717fd5360cba1aa81144318fb3.html?_wkts_=1710553033436&needWelcomeRecommand=1
④ 魏徵，长孙无忌等.隋书[M].北京：中华书局，1973.
⑤ [唐]杜佑著，杜文玉解读.通典[M].北京：国家图书馆出版社，2022.

源自古代胡人（即匈奴、鲜卑等游牧民族）的舞蹈形式，随着与汉文化的交流和融合，逐渐传入中国并得到了汉族人民的喜爱和传承。同时，胡舞的特色元素也为中国舞蹈艺术的发展提供了新的灵感和方向，丰富了中国舞蹈的艺术内涵。根据董莉莉在《丝绸之路与汉王朝的兴衰》一文中的描述，丝绸之路开通之前，巾舞、袖舞是中国传统舞蹈中最常见的表演形式，中国传统的舞蹈多重在腰、袖，表现形式以柔美、舒缓为主。① 如《淮南子·修务训》记载：今鼓舞者，绕身若环。曾挠摩地，抚旋倚那，动容转曲，便媚拟神。这里重在描绘舞者柔韧的腰肢以及柔媚的神态。②

胡舞讲求急速、欢腾，表现出了一种健朗之美。丝绸之路开通后，胡舞传入，汉王朝吸收了西域舞蹈的特点，使中原地区的舞蹈兼具中西特色。如东汉边让在《章华台赋》中描绘道：纵轻躯以迅赴，若孤鹄之失群。振华袂以逶迤，若游龙之登云。……振弱支而纤绕兮，若绿繁之垂干。此段描述既运用了传统的袖舞，发挥了腰部的力量，又融合了西域舞蹈迅捷的特色，极富感染力。③

胡服方面，《西京杂记》中记载：西域献吉光裘，入水不濡。上时服此裘以听朝。此句描述的是汉武帝时，西域进献神兽吉光裘衣。该裘衣入水不湿，皇上时常穿上此裘来听朝。由此可见皇帝对于胡服的喜爱。④《续汉书·五行志》亦记载：汉灵帝好胡服、胡帐、胡床、胡座、胡饭、胡箜篌、胡笛、胡舞，京都贵戚皆竞为之。⑤

2.1.3 唐朝时期

唐代是中国封建社会的鼎盛时期，其在经济、科学、文化等方面取得了巨大的成就，成为中国历史上一个极为辉煌的时期。在唐朝的统治下，社会经济得到了迅速的发展，国力达到了前所未有的强大水平。

首先，唐代的经济蓬勃发展，呈现出了迅速增长的趋势。这一时期，国家财

---

① 董莉莉. 丝绸之路与汉王朝的兴衰 [D]. 济南：山东大学，2021.
② 刘安等著，陈广忠译. 淮南子 [M]. 北京：中华书局，2022.
③ https://so.gushiwen.cn/shiwenv_058708ad5b9d.aspx.
④ 刘歆著，刘洪妹译. 西京杂记 [M]. 北京：中华书局，2016.
⑤ [南朝宋] 范晔著，[唐] 李贤等注. 续汉书 [M]. 北京：中华书局，1965.

政充裕，商业繁荣，城市规模不断扩大。随着丝绸之路的进一步开通和海上丝绸之路的发展，对外贸易迎来了黄金时代，大量商品和文化交流通过丝绸之路流向世界各地，为唐代经济的繁荣发挥了重要作用。丝绸之路的繁荣不仅带动了对外贸易，也促进了国内贸易的发展。内河交通的便利，如大运河的开通，极大地促进了国内商品的流通和交换。各地经济因此得到了全面的发展，农产品、手工业品等商品在各地之间流通频繁，市场活力大大提升。此外，唐代还注重海外贸易的发展，积极开展与海外各国的经济往来。通过对外贸易的扩张，唐朝不仅获得了丰厚的物质财富，还引进了外来的先进技术和文化，推动了国内生产力的提升和经济结构的优化。

其次，唐代科学文化繁荣，涌现出许多杰出的科学家、文学家、艺术家等，为中国古代文化的辉煌贡献了重要力量。在科学技术方面，唐朝致力于技术的创新和发展，推动了造纸术、印刷术等重要技术的进步，这些技术的发展极大地促进了书籍的广泛流传，为文化的传承与发展奠定了坚实的基础。文学方面，唐诗盛行，出现了众多杰出的诗人，如李白、杜甫等，他们的诗作风格各异，但都以优美、含蓄的语言表达了对生活、自然、人情的感悟与思考，成为中国古典文学的巅峰之作，对后世文学的发展产生了深远影响。在艺术领域，唐代的壁画、唐三彩等艺术作品也达到了极高的艺术水平，展现了独特的审美价值。壁画以其精湛的技艺和生动的表现形式，生动地再现了唐代社会的风貌和人文景观，成为中国古代艺术的杰出代表之一。而唐三彩作为一种特殊的陶器，色彩斑斓、形态优美，不仅在美学上具有独特魅力，也反映了唐代社会的繁荣和文化的兴盛。

此外，唐朝采取了开放的对外政策，以兼收并蓄、博采众长的姿态，吸收了外来文化的精华，并与之融合，形成了独特的文化氛围。这种开放的态度不仅体现在对外贸易和外交上，更体现在文化交流与融合的方面。唐代吸纳了来自中亚、西亚、印度等地的文化成果，将它们融入中国传统文化之中。这些外来文化的融合促进了中国文化的多元化和对外开放，丰富了中国文化的内涵，使得中国的文化更加丰富多彩。同时，唐代的开放政策也促进了世界文明的交流与发展。作为东方文明的重要代表，唐朝通过丝绸之路等贸易通道与中亚、西亚、欧洲等地进行了广泛的交流，将中国的文化和技术成就传播到世界各地，也从外界吸收了各种文化的精华，为世界文明的发展做出了积极的贡献。

贞观二十一年（647年），唐太宗曾提出："自古皆贵中华，贱夷狄，朕独爱之如一，故其种落皆依朕如父母。"意思是：自古以来的统治者，都重视中原的汉族，而轻视那些少数民族，而我（朕），却对他们一视同仁。长安城内设有鸿胪寺、典客署、礼宾院等机构，专门管理和接待外国宾客和少数民族使节。同时，唐朝政府还对来华贸易的外商进行钱粮方面的补贴，规定官员不得无故刁难外国商旅，"无故留难者，一日主司笞四十，十日加一等，罪止杖一百。"由此可见，唐代思想的先进与开放，也显示了唐朝处理民族关系和中外关系的仁和宽厚的胸怀。对各民族不分贵贱、趋于平等的外交理念加之其水陆交通发达，国内外贸易往来密切频繁，使得唐朝与世界各国在政治、科技、文化等多个领域沟通交流频繁，随着丝绸之路的发展形成了一个以汉文为经典的文化圈，尤其是形成了以儒家经典为共同经典的东亚文化圈，成就了万国来朝、鼎盛于唐的繁荣景象。直到唐朝由盛转衰后，诗人们还留有"九天阊阖开宫殿，万国衣冠拜冕旒""千官望长安，万国拜含元"的语句。出自陕西省乾县距乾陵东南约3公里处章怀太子墓的《客使图》为如今的我们展现了当时的"大国外交"场面。

《客使图》是一幅表现唐朝迎宾题材的壁画作品，具有珍贵的史料价值和艺术价值。1971年出土于陕西省乾县乾陵章怀太子墓，高185厘米，宽247厘米。画中人物均为真人大小，共有6位人物，描绘的便是唐朝的外交机构——鸿胪寺官员接待外国使节的场景。画面左侧3位谦谦君子为唐朝鸿胪寺官员，气度沉稳，雍容自如，神情肃穆。后面3位为外国使节，拱手躬身，毕恭毕敬。为首者秃发蓄髭，浓眉深目，高鼻阔嘴，身穿翻领紫袍，腰间束带，足穿黑靴，推断应为来自东罗马使节。在中国史籍中，东罗马帝国被称为拂菻或大秦，男子有髡发衣绣的传统。中间者面庞丰圆，须眉清晰，细眼朱唇，头戴尖状小冠，冠前涂红色，旁插双鸟羽，身穿宽袖红领白短袍，下着大口裤，脚蹬黄皮靴。学界对他的国籍有诸多不同解释，如"日本使者""新罗国使者""高句丽使者"等均在讨论之列。最后一位头戴翻耳皮帽，面部圆润，身着圆领黄袍，腰间束黑带，外披灰蓝大氅，下穿黄色毛皮窄裤，脚穿黄皮毛靴。学者们普遍推测认为是我国东北少数民族地区的室韦族或靺鞨族的使者。依据是《旧唐书》的《室韦传》和

《靺鞨传》均记载该民族畜养猪、犬等，并以其皮做成衣服，这与图中的冠帽服饰特征颇为吻合。

堀敏一先生在《隋唐帝国与东亚》中记载：古代东亚国家之所以向中国朝贡，以各种不同的形式和中国发生关系，是因为各民族的国家形成比中国迟，所以有必要向中国学习其国家机构的建制及其运作。① 在这个时代，东亚各国与中国的交往，是以此为中心展开，并因此获得各种文化。由此可见，唐朝的外交呈现出多领域相互交流的动态特点。这里，我们通过和日本、新罗及天竺的交流，看一看唐朝是如何通过"请进来"与"走出去"，在中国对外交流史上留下浓墨重彩的一笔。

唐朝时期对中日交流做出了巨大的贡献，其中最为重要的是遣唐使和鉴真东渡。这两项活动极大地促进了中日两国之间的交流与合作。

《日本国纪》记载：大唐国者，法式备定，珍国也，常须达。此句意义为大唐是一个制度律令完善的国家，需要经常去学习。故自公元七世纪初至九世纪末，约264年的时间里，日本为了学习唐朝先进的文化，先后十几次向唐朝派出由官方使节、留学生与留学僧组成的使团，学习唐朝的方方面面。这些遣唐使到达唐都长安后便开始如饥似渴地考察、学习、博览群书，汲取盛唐的文化精华，最终满载而归。而日本派遣使团的次数之多、规模之大、时间之久、内容之丰富，也成为中日文化交流史上的空前盛举，对推动日本社会的发展和促进中日友好交流做出了巨大贡献，结出了丰硕的果实，成为中日文化交流的第一次高潮。

遣唐使多从我国山东半岛、长江三角洲一带登陆，其中代表人物为留学僧谥号弘法大师的空海，与留学生阿倍仲麻吕。在福州开元寺伫立着一尊弘法大师雕像，旁边树立的石碑雕刻有"空海入唐之地"字样，由此可知空海当年就是从福州港登陆到达大唐。到达大唐后，阿倍仲麻吕进入国子监太学，并改姓名为晁衡。国子监太学是教育贵族子弟的高等学府，在这里学生攻读的重点是礼记、周礼、礼仪、诗经、左传等经典。仲麻吕聪敏勤奋，成绩优异。太学毕业后参加科试，一举考中进士。进士是高等文官仕补，它要求深通天下大政，长于诗文，是

---

① 韩昇，刘建英. 隋唐帝国与东亚 [M]. 兰州：兰州大学出版社，2012.

当时最受尊重的荣誉，因而也是学士们拼力争夺的目标。仲麻吕作为一个外国人，取得进士的桂冠，足以说明他的学识确是出类拔萃。从此阿倍仲麻吕在大唐升官进爵，深受重用。他和唐代著名诗人李白、王维等都有密切交往。天宝12载（753年），仲麻吕归国前夕，王维赠给他的送行诗《送秘书晁监还日该国》，也充分表达了他们两人的深厚友谊："积水不可极，安知沧海东。九州何处远，万里若长空。向国惟看日，归帆但信风。鳌身映天黑，鱼眼射波红。乡树扶桑外，主人孤岛中。别离方异域，音信若为通。"王维还专为此诗写了很长的序文，热情歌颂中日友好的历史以及仲麻吕的过人才华和高尚品德。后传闻他在海上遇难，李白听了十分悲痛，挥泪写下了《哭晁卿衡》的著名诗篇："日本晁卿辞帝都，征帆一片绕蓬壶。明月不归沉碧海，白云愁色满苍梧。"诗人把仲麻吕比作洁白如碧的明月，把他的死，比作明月沉碧海。因为是明月沉碧海，所以天愁人哭，万里长空的白云，刹时间也变得灰暗阴沉，一片愁色笼罩着天地人间。诗中感情充沛，深刻表达了两人的诚挚友谊，成为中日友谊史上传诵千年的不朽名作。最终，阿倍仲麻吕安全地回到了长安，晚年还葬在了大唐。

更多的遣唐使学成后归国，给日本的政治、文化、经济等方面带来了深远的影响。政治制度方面，日本大化改新后采取的政治管理制度——二官八省制，这一制度就是学习隋唐时期的三省六部制。大化改新推动了日本的社会进程，使日本从奴隶社会逐渐过渡到封建社会。除此以外，日本还改革教育制度，开设各类学校，教授汉学，培养人才。遣唐使还带回大量汉籍佛经，朝野上下竞相撰写唐诗。白居易等唐代著名诗人的诗集在日本广泛流传。在经济交流上，日本仿效中国铸造圆形方孔铜钱。在建筑样式上，日本平城京的布局仿照唐都长安建造。平城京以朱雀大路为中心，两边成对称分布。长安城以朱雀街为中心，两边对称分布。在生活习俗上，日本的和服、茶道、端午节、重阳节等深受大唐风俗的影响。

除了请进来，唐朝也有人士主动走出去传播文化，其中最著名的就是鉴真东渡的故事了。鉴真的故乡在扬州，这里风景秀丽，佛教盛行，经济繁荣，是唐代闻名中外的大都市。鉴真十四岁出家，十八岁受戒，师从高僧。鉴真勤奋好学，佛法造诣很深，成为了江淮地区有名的高僧。日本的两名僧人邀请鉴真前往日本传授佛法，鉴真问弟子们是否愿意去，有人回答："彼国太远，性命难存，沧海森漫，百无一至。"鉴真应答："为弘法传律，何惜身命？"因此鉴真开始东渡日本。经过艰苦航行，历经挫折，鉴真前五次东渡均以失败告终，第六次东渡才终于成功抵达日本。他在日本期间，积极的帮助日本建设，传播中国的文学、书法、建筑、绘画。他还带去了大量的书籍文物与药方，帮助本地人进行药物辨别，更是将佛教传播到了更为广阔的东亚地区，为日本的宗教和文化事业奠定了深远的影响。其在奈良主导修建的唐招提寺的风格与样式与他修行时的扬州大明寺如出一辙，充分借鉴并反映了当时唐朝建筑的最新成就，逝世后并安葬于此，唐招提寺也因此成为中日友好的交往见证。如今在唐招提寺依旧供奉着鉴真的佛像，并被奉为国宝级文物。郭沫若在《赠招提寺》中曾赞扬到："鉴真盲目航东海，一片精诚照太清。舍己为人传道义，唐风洋溢奈良城。"由此可见，鉴真对于日本的发展与文化产生的重要影响。

除日本以外，与大唐交流密切并深受其影响的国家还有新罗。新罗是朝鲜半岛上的国家，彼时许多新罗人前往唐朝贸易或发展，因此在唐朝登州、楚州、扬州等地形成了新罗侨民社区——新罗坊或新罗所，新罗物产位居唐朝进口首位。为向大唐学习，多次请唐朝赐书，并派遣了很多的使节和大批留学生赴唐求学，两百多年间，至少有2000多名新罗人留学唐朝，不少新罗留学生还参加唐朝科举考试，中宾贡进士，其中最出名的是崔致远。他12岁入唐求学，18岁中进士，在唐朝为官8年多。28岁时，即884年，以唐使身份归国，被誉为韩国汉文学的开山鼻祖，有"东国儒宗"、"百世之师"的荣誉。到了8世纪，儒学在新罗已经蔚然成风，唐玄宗也曾感慨到：新罗号为君子之国，颇知书记，有类中华。如创建于752年被誉为韩国最精美的佛国寺，且是迄今香火始终不断的为数不多的寺刹之一，佛国寺1995年被列入联合国世界遗产名录。佛国寺大雄殿前双塔对峙的格局乃中国隋唐时期寺院最常见的平面布局形式。1966年，在韩国修复佛国寺期间发现了一部佛经经卷《无垢净光大陀罗尼经》。值得注意的是，经文中至少有63个宋以前中国民间流行用的俗体字或异体字，其写法与敦煌石室发现的南北朝到隋唐写经所用的文字相同。此外，史学家潘吉星在《论韩国发现的印本〈无垢净光大陀罗尼经〉》指出此经经文中出现八次"地""授""初""证"

的武周制字。由此推测，该佛经应是从唐朝传入新罗，或是调班印刷术传入新罗后，新罗人印制。像日本遣唐使一样，这些使节和留学生回国后往往受到重用，为新罗带回了大量的唐朝技术与文化，引入中国医学、天文、历算等成就，仿照唐朝建立政治制度，采用科举制进行官员选拔等，为新罗的发展注入了一剂有力的催化剂。除了留学生外，还有大量留学僧入唐求法，其足迹遍布大江南北，据统计，自隋到唐末328年之中，新罗来华的佛教僧侣有117人之多（其中未见于朝鲜史籍者有20余人）。这些僧侣来华之后，如饥似渴地笃学精研中国佛教诸宗的教义与戒律。有的学成归国成为新罗佛教界的一代宗师，有的长期在华甚至终老于唐。他们或者翻译、撰述经论，弘扬佛法义理；或者顺应形势，丰富、创新佛教教义；或者苦行坚毅受到千古景仰，为建立朝鲜佛教体系、丰富中国佛教理论做出了杰出的贡献。最有名的当属修行于九华山，被视为地藏王菩萨化身的新罗王子金乔觉，在中朝两国都有极为广泛的影响，九华山后来成为中国佛教四大名山之一，金乔觉起了重要的作用。

此外还有经唐朝西行印度取经留下《往五天竺国传》的慧超。慧超是继玄奘、义净之后东方最伟大的旅行僧。他八世纪初入唐，后经海路至中印、南印、西印、北印而远到波斯和土耳其斯坦，然后游历阿姆河与锡尔河间诸国，过帕米尔，于开元十五年（727）由陆路返回唐西域大都护府龟兹。他所著《往五天竺国传》比意大利人马可·波罗的游记早五百多年，书中记载了唐与印度、巴基斯坦及中亚各国佛教、交通、地理、风俗等各方面的情况，是玄奘《大唐西域记》之后又一部东西交通史和佛教交流史的珍贵文献，也是唐代中、朝、印文化交流和友谊的见证。

总之，新罗与唐朝持续200年以上的密切而友好的交往不仅冠于唐代中外关系，纵观整个古代中国与朝鲜半岛的关系史上也可谓是空前绝后。

提到"走出去"，绝对不能忽视另外一名"走出去"的代表——玄奘。我国四大名著之一的《西游记》就是明朝小说家吴承恩根据玄奘的故事及民间传说经艺术加工后而成。玄奘，今河南洛阳偃师人，唐代佛教学者，旅行家，佛经翻译家，法相宗创始人，被尊称为"三藏法师"。他13岁出家，四处求学，因感各类佛典众说纷纭，难有定论，决心西行求法。唐太宗贞观年间，玄奘从长安出发，此行道路艰险，玄奘在《大唐西域记》中记载到："山谷积雪，春夏合冻，虽时消泮，寻复结冰。经途险阻，寒风惨烈，暴风奋发，飞沙雨石，遇者丧没，难以全生。"他不畏艰险，经凉州出玉门关西行，历经磨难，途径荒漠、西域，翻越山岭，最终到达天竺（即今印度）享有盛名的那烂陀寺，跟随声望极高的戒贤法师求法，获得了极大的收获。最后玄奘又游历印度各地，朝拜圣迹，在学有所悟之后，携带着诸多佛经与见闻归国。据记载，玄奘归国时带回了大乘经224部，大乘论192部，上座部经律论15部，大众部经律论15部，三弥底部经律论15部，弥沙塞部经律论22部，迦叶臂耶部经律论17部，法密部经律论42部，说一切有部经律论67部，因明论36部，声论13部等共计600余部，此外还有中国佛像。返唐后，玄奘花费19年的时间翻译从古印度带回的众多佛经，并根据所见所闻口述形成了《大唐西域记》，该书记载了玄奘从长安（今西安）出发西行亲身游历西域的所见所闻，其中包括有两百多个国家和城邦，还有许多不同的民族。书中对西域各国，各民族生活方式、建筑、婚姻、丧葬、宗教信仰、沐浴与治疗疾病和音乐舞蹈等方面进行了详细的记载。如《大唐西域记》记载的古印度地区的丧葬习俗：送终殡丧，其仪有三：一曰火葬，积薪焚燎；二曰水葬，沉流飘散；三曰野葬，弃林饲兽。又如，古印度人在生活方面非常讲究：瓦木之器，经用必弃……馔食既讫，嚼杨枝而为净。意义为：木质的餐具容易藏污纳垢，长久使用容易滋生细菌，用过之后要丢弃。饭后要吃杨枝清洁口腔。《大唐西域记》从不同层面、不同角度、不同深度反映了西域的风土民俗，并且对古印度许多城邑及寺院的地理位置进行了描述，为考古发掘提供了重要线索。如1861年，英国考古学家亚历山大·康宁汉考古发现一片佛教遗址，出土许多精美佛教用品，经与《大唐西域记》核对，证明是那烂陀寺旧址。《大唐西域记》的详细描述也是研究印度、尼泊尔、巴基斯坦、孟加拉、斯里兰卡等地古代历史地理的重要文献。印度史学家阿里曾说：如果没有玄奘的著作，重建印度历史是完全不可能的。玄奘西行极大地促进了中印文化交流，成为中国和印度文化交流的象征，更是我国不断学习与进步的精神指引。

此外，武则天当政时，还有西行求法的高僧义净。义净自印度学成归来，武则天亲自到洛阳城外迎接。受此鼓舞，僧人们纷纷背起行囊，奔赴印度。一时间，丝绸之路上僧人背包客的身影络绎不绝，成了名副其实的信仰之路。这条信仰之路如同一张巨大的交通网覆盖着西域。其中，既有从中原经中亚再南下印度的传统通道，也有横渡孟加拉湾，绕道东南亚抵达中南方的海陆。唐朝人找到了一条近道，即唐蕃古道。唐太宗、唐高宗曾多次派使团出使印度走的也是这条路。不过，唐蕃古道是否畅通，取决于唐蕃关系。唐高宗明德年间，唐朝与吐蕃爆发战争，通道短暂关闭。安史之乱后，唐朝国力衰减，吐蕃一度控制河西走廊，唐朝和西域的直接联系被彻底切断，唐蕃古道也逐渐废弃。从贞观之治到开元盛世，其对外开放性与文化包容性也达到历史巅峰。

八世纪初，阿拉伯帝国的势力已伸向中亚，夺取了丝绸之路上的两座重要城市：布哈拉和撒马尔罕，伊斯兰教也随之扩散，并传入中国境内。至八世纪中叶，广州已经成为阿拉伯人经商和传教的重要据点。就这样，儒教、道教、佛教等不同宗教在唐帝国的包容政策下，既竞争，又融合，形成了文化多元的格局。由于文化交流频繁，唐朝对外部世界的认知已经达到了很高的水准。随着唐朝后期的衰败，与西域的交往也逐渐减少。

纵观唐朝的对外交流我们可以发现，唐朝的对外交流是双向的，日本派遣遣唐使来唐学习，展现了唐文华的向心力；鉴真不畏艰难东渡，展现了唐朝文化的传播力；玄奘历尽险阻，西行求佛，展现了唐朝不竭的学习力。在大唐，既有外国人士来华学习，也有国人积极走出国界宣扬大唐文化，我们既学习并吸收了外部的文化，又对外传播了大唐的制度、文学与各项技术等博大精深的中华文明。正是这兼容并蓄、共生发展的力量使得大唐拥有了生生不息的活力，使得东西文化在这里交汇融合，并辐射到更远的地方。

唐朝对外交流发展的原因我们可总结如下：一是唐朝的文化交流离不开强大的国力。唐朝是当时世界上最强盛的国家之一，经济繁荣，国力强盛，文化先进，处于世界领先地位，强大的国力、先进的文化吸引了各国来华学习与交流；二是唐朝实行开放包容的对外政策，对于远夷不歧视，对于优秀的外来文化不排斥，鼓励支持与各国的经济、文化交流。第三是开放的对外政策源于强大的文化自信。"求木之长者，必固其根本；欲流之远者，必浚其泉源。"坚定的文化自信是推动中华文明融入世界、交流互鉴，与其他文明共同发挥作用的必然要求，也是大唐开门纳客，不断汲取其他先进文化养分，拓宽和丰富自身的文化内涵的根本原因。三是包含陆上、海上丝绸之路在内的唐朝发达的对外交通。从唐朝的主要交通图可知，陆路从长安出发，向西经过河西走廊，越葱岭，可到达波斯、大食、欧洲，向南到达古印度；水路从扬州出发，向东到达朝鲜、日本，向南到达东南亚、南亚、西亚。唐朝对外交通的发达为与各国的友好往来提供了优越条件。四是以玄奘、鉴真为代表的众多不畏艰难险阻依旧外出交流与学习的中华使者所体现的孜孜不倦、执着求实的探索精神，百折不挠、励志进取的奋进精神与海纳百川、博采众长的的开放精神。

2.1.4 宋元时期

到了宋元时期就要重点说说海上丝绸之路了。海上丝绸之路建立于秦汉，兴起于隋唐，鼎盛于宋元。正如前文所述，唐朝对外交流中，各国文化交流的使者多走的是陆路，佛教的交流也是文化交流的重要组成部分，唐代丝绸之路可以说是条信仰之路，路上最多的是各国僧人。而到了宋元时期，海上丝绸之路快速地发展起来，丝绸之路上也不再是以虔诚的背包客教徒为主，而是成了形形色色的商人。公元960年，赵匡胤建立宋朝，此后经过多年征战，宋朝基本收复中原，结束了自唐朝灭亡以来持续约60年的群雄纷争局面。但是宋朝同时也一直面临着巨大的内外压力，需要维持数量庞大的军队，支付巨额军费。在这种情况下，财政收入仅仅依靠农业是不行的。而且宋朝收复中原后并没能恢复与西域的交往，因为盘踞在今宁夏、甘肃、青海的西夏政权横亘于宋朝和西域之间，恰好阻断两者的联系，于是宋朝另辟蹊径，将丝绸之路从陆地转向海洋，大力发展海上贸易。彼时宋朝十分重视商业贸易。北宋时商业税已经占据朝廷财政收入的25%，南宋比例更高。在此期间，中国的商品通过海上丝绸之路甚至被远送到西非和南欧，丝绸之路的性质也开始发生了变化。

在历代王朝中如南宋一样重视商业利益是绝无仅有的。南宋在广州、泉州、漳州等重要港口都设立市舶司。市舶司是中国宋、元、明初时期设立在各海港的专门管理海上对外贸易的官府，相当于海关，宋代时出现，明代早期达到巅峰。作为中国古代的外贸机关的市舶司见证了中国宋、元、明三朝的海上贸易之繁荣。通过市舶司，南宋政府大力开拓海外市场。将瓷器、丝绸、茶叶、纸张等运输出去谋利，其中瓷器出口最受重视，这在无形中改变了中国出口商品的构成。原本丝绸是中原王朝最主要的出口商品，它质量轻，不易损坏，适合远距离陆路贸易。瓷器比丝绸重得多，且易碎，经不起颠簸，所以汉唐时期丝绸的出口量远超过瓷器。换成海路后，情况正好相反。丝绸怕潮怕湿，不适合海洋运输，瓷器经得起日晒雨淋，而且船只在海上航行需要压舱物抵御风浪，重量足够的瓷器自然是首选，同时，宋代制造瓷器技术非常成熟，深受东南亚、中东及地中海人民的欢迎。海上丝绸之路的主要商品由原来的丝绸变为瓷器，沿线国家也开始以陶瓷代称中国。宋代的《萍洲可谈》曾记载到："舶船深阔各数十丈，商人分占贮货，人得数尺许，下以贮物，夜卧其上。货多陶器，大小相套，无少隙地。"[1]

同时，宋元时期科技的发展与进步也大大促进了海上丝绸之路的繁荣。因为战争的原因，相对安稳的南方吸引大量人口南迁，成为了人们的主要聚居地，但是其水陆交错复杂，因此，海外贸易的兴盛加之独特的地理环境，促进造船业得到了空前发展，中国的造船技术后来居上，处于世界领先水平。同时，宋朝也制成了指南针，并投入使用，为当时的海上航行与运输也提供了强大的技术支撑。指南针在战国时期就已经出现，人们利用磁铁做成被称为"司南"的指南工具，在宋代，人们开始用人造磁铁制成更为先进的指南工具"罗盘"，北宋末年开始逐渐运用于航海技术，12、13世纪时由阿拉伯商人将其传到西亚与欧洲，大大促进了世界航海技术的发展，丝绸之路的规模更是得到全面的扩大。先进的航海技术将中国人送往更远的地方，加快了中国与世界沟通的步伐。南宋文学家红麦的志怪小说集就记录了大量海外经商的奇闻。还有泉州市舶司官员根据商人的讲述写下《诸藩志》，记录了58个海外国家，47种海外特产。从《诸蕃志》的记载可以知道，除了没有到过西欧和美洲，南宋商人几乎走遍全球，最远的到达北非摩洛哥。

对宋朝时期对外交流做出重大贡献的另一科技发明就是活字印刷术了。隋唐时期发明的雕版印刷术费时、费料，北宋时期的匠人毕昇在其基础上发明了可循

---

[1] 王剑波. 宋元海上丝绸之路的财富源头——龙泉及瓯江两岸在宋元海上丝绸之路中的重要地位[J]. 人民论坛，2018（17）：143-144.

环使用的活字印刷术，并在13世纪的时候传向了朝鲜、日本、东南亚等地。活字印刷术的发明使得中国在对外贸易的过程中还传播着民族工艺和儒道思想，对"海上丝路"沿线国家和地区以及欧洲产生不同程度的影响。

如果说宋朝因为战乱的原因陆上丝绸之路的交流规模大大减少，海上丝绸之路逐渐发展，元朝时可谓之双路并通，草原丝绸之路与海上丝绸之路均得到了空前的发展，更是引发了西方世界为了寻找东方文明而产生的新航路开辟，全面开拓了中西方交往和贸易的新局面。

前文已讲，汉唐时期陆上丝绸之路得到了巨大发展，加之唐朝开放包容的对外政策，形成了万国来朝的盛世局面，这条陆上丝绸之路沿线上的国家也均从中获利，中西方的政治、经济得到了高速发展，文化交流得到了快速融合。"安史之乱"发生后，吐蕃人占领河西，阻碍了唐与西域的联系。唐朝瓦解后，宋朝因为西夏的原因也未能与西域建立起畅通的联系，陆上丝绸之路交通网络遭到严重破坏，中西各项陆上交流活动大幅度减少，规模大不如前，这一局面直到元朝才得到了解决，陆上丝绸之路重新呈现出蓬勃发展的良好态势。为了保证交通畅通和信息的快速传递，元朝建立了快捷的驿站传讯系统，四周少数民族边远之区，也先后通辟驿道。"陆则以马、以牛，或以驴，或以车，而水则以舟。"沿海有海站。辽东行省自哈里宾（今哈尔滨）以北，至于混同江口的征东元帅府（奴儿干城，位于黑龙江下游），则以犬曳小车行冰上，称作狗站。故"元有天下，薄海内外，人迹所及，皆置驿传，使驿往来，如行国中。""梯航毕达，海宇会同，元之天下视前代所以为极盛也。"据《元史》所载，腹里（应指中书省）计陆站175处，水站21处，牛站2处。河南行省陆站106处，水站90处。辽阳行省陆站105处。江浙行省马站134处，轿站35处，步站11处，水站82处。江西行省马站85处，水站69处。湖广行省陆站100处，水站73处。陕西行省陆站80处，水站1处。四川行省陆站48处，水站84处。云南行省马站74处，水站4处。甘肃行省马站6处。总计全国站数约一千四百处。加上岭北、土蕃等处，应在一千五百处以上。同时，元朝与各汗国还在交通大道上设置护路卫士，颁布保护商旅的法令，用以维护商客在路途中的安全。元朝的驿站交通网再次打通了中国与亚欧各地的联系，使长期陷于停滞状态的沙漠绿洲再次活跃起来。

同时，元朝延续了唐朝以来的对外开放政策，继承了宋朝开拓的海上丝绸之路的辉煌历史，继续在政治上加强与海外各国的联系，在经济上不断开拓海上贸易，掌握海上交通渠道。各种文献中记录的与元朝有联系的国家和地区达200个以上，远达非洲东北部沿海地区。元朝与伊利汗国之间的交通往来常常利用海路，例如勃罗奉命出使伊利汗国，经海路至忽鲁谟斯（又作忽里模子），然后经陆路北上。元代航海家杨枢率"官本船"航行至印度和波斯湾从事贸易，回国时伊利汗合赞遣使者那怀等人随同赴元，杨枢又送其归国，后再次航海至忽鲁谟斯贸易。印度是中西间海上交通线上的中继站，从俱兰至伊利汗国的航线为元人所用，"水路得便风，约十五日可到"。此外，中国与非洲之间的海上交通也进入新时期。大航海家汪大渊乘海舶出洋游历，到访了东南亚、南亚以至东非的许多地方。非洲摩洛哥人伊本·白图泰先到印度德里，德里算端派他出使元朝，他大约于1347年抵达泉州。元人绘制的地图上已有非洲大三角，说明元代人对非洲地理形势已有了较多了解。元代的海外活动发展了唐宋以来的航海事业，也为明代航海家郑和的伟大航海活动奠定了基础。除此以外，东西方使节、商人、工匠、艺人也纷纷来华。[1] 忽必烈时期以北京为大都，彼时的大都俨然成了四通八达、繁华昌盛的国际大都会，著名的意大利旅行家、商人马可·波罗就不远万里地从威尼斯来到中国，在中国游历17年，成为中西方在政治、经济、文化等方面交流的重要桥梁。

1254年，马可·波罗出生在意大利威尼斯的一个商人家庭。他的父亲和叔父都是威尼斯的富商大贾，为了一些商业活动，经常奔走于地中海东部。在他出生不久，其父和叔父曾到过蒙古帝国的钦察汗国经商，后因钦察汗国和伊利汗国之间发生了战争，其父和叔父在回国途中偶遇伊利汗国派回元朝的使臣，便阴差阳错地随着使臣到了元大都，见到了忽必烈；后受元世祖之托，担起了元朝派往罗马教廷的特使——忽必烈希望他们从罗马带回100个精通各类学问的传教士。[2]

1271年，17岁的马可·波罗随着父亲和叔叔，带着罗马教廷给忽必烈的复

---

[1] 石云涛. 元代丝绸之路及其贸易往来 [J]. 人民论坛，2019（14）：142-144.
[2] 张西平. 西方游记汉学的奠基之作——《马可波罗游记》的历史价值 [J]. 社会科学论坛，2017（8）：115-122.

信，踏上了重探契丹（马可·波罗将中国称为"契丹"）之路。历经千险万苦后，他们终于在 1275 年到达元大都，受到元世祖忽必烈的欢迎。从此，马可·波罗一家在中国住了下来。在 1275 年至 1292 年的 17 年间，马可·波罗一直以客卿的身份在元朝供职，因办事认真、谨慎，受到忽必烈器重，常常邀他一起狩猎，一起品酒。马可·波罗为了更好地了解中国的风土人情，很快学会了蒙语和汉语。除了视事京城，他还经常奉大汗之命巡视各省或出使外国，足迹远至中国的西南及邻国缅甸、暹罗（今泰国）、越南、印度，并曾巡游中国南方各省，做过扬州地方官。马可·波罗每到一地，总要考察当地的民风民情、物产状况，回来向大汗报告。

1292 年夏天，护送元室公主阔阔真远嫁波斯（今伊朗）时，马可·波罗与父亲和叔父三人从泉州出发，历经三载，回到阔别多年的威尼斯。带回许多东方珍宝的马可·波罗成了富豪，人称"百万君"。但同时也得了"百万谎言的人"的称号，因为很多威尼斯人认为他的"天方夜谭"不可相信。

回意大利后，意大利比萨与热那亚开战，马可·波罗在一次海战中被俘，在狱中他讲述了大量有关中国的故事，这段奇妙的经历引起了其狱友鲁斯蒂谦——一位小说家的注意。于是，一个口述、一个执笔，完成了流传后世的《马可·波罗游记》（亦名《东方见闻录》）。《马可·波罗游记》的出版使马可·波罗名声大噪，不久这部著作便以多种文字出版，成为"世界一大奇书"。马可·波罗也成为世界第一号游侠。《马可·波罗游记》全书以纪实的手法，记述了他在中国各地包括西域、南海等地的见闻，记载了元初的政事、战争、宫廷秘闻、节日、游猎等等，尤其详细记述了元大都的经济文化民情风俗，以及西安、开封、南京等各大城市和商埠的繁荣景况。它第一次较全面地向欧洲人介绍了发达的中国物质文明和精神文明，将地大物博、文教昌明的中国形象展示在世人面前。书中第二卷记载的中国部分最为详尽，引人入胜。元初的政事、战争、宫殿、朝仪乃至中国名都大邑的繁荣景象都被描绘得有声有色。当时的欧洲对中国还一无所知，他的书中介绍了许多新奇的知识，为欧洲打开了一扇了解东方的窗户，激发了欧洲人此后几个世纪的东方情结。从历史上看，西方早期的游记汉学有多部，但马可·波罗与《马可·波罗游记》的历史地位却不可撼动。

谈其历史价值，一是开辟了中西方之间的政治、经济、文化的交流新时代。中国和欧洲处在欧亚大陆的两端，白雪皑皑的帕米尔高原将中国和欧洲分开，北方大漠千里黄沙无人烟，除了蒙古人的铁骑外，历史上很少有人越过。由于地理因素的限制，13世纪以前，中西交往只停留在以贸易为主的经济联系上，缺乏直接的接触和了解。而欧洲对中国的认识，也一直停留在道听途说的间接接触上，对中国的认识和了解非常肤浅。因而欧洲人对东方世界充满了神秘和好奇的心理。《马可·波罗游记》就成为欧洲人对东方最早的遥望与幻想。其中对东方世界进行了夸大甚至神话般的描述，更激起了欧洲人对东方世界的好奇心。这在很大程度上促进了中西方之间的直接交往。从此，中西方之间直接的政治、经济、文化交流的新时代开始了。

二是拓宽并丰富了西方人的世界观念和地理知识，推动中西方文化交流与传播。马可·波罗的契丹之行，把西方人的眼光拉到了大陆的最东端，它遥远而又神秘。意大利的哥伦布，葡萄牙的达·伽马、鄂本笃，英国的卡勃特、安东尼·詹金森和约翰逊、马丁·罗比歇等众多的航海家、旅行家、探险家读了《马可·波罗游记》以后，纷纷东来，寻访中国，打破了中世纪西方神权统治的禁锢，推翻了宗教的谬论和传统的"天圆地方"说，激发了欧洲的世俗观念。

正如杨志玖所说："不管马可本人和其书有多少缺点和错误，但总起来看，还是可靠的。他的书的真实性是不容抹杀的。他对世界历史和地理的影响和贡献也是应该承认的。他是第一个横穿亚洲大陆并作出详细记录的人，对中国的内地和边疆，对亚洲其他国家和民族的政治社会情况、风俗习惯、宗教信仰、土特产品、轶闻奇事，一一笔之于书，虽朴实无华，但生动有趣。在他以前和以后来华的西方人留有行记的也不少，在文才和对某一事件的记述方面也许远胜于他，但像他这样记事之广、全面概括的著作却绝无仅有。"[1]

三是催生了近代的地理大发现，对15世纪欧洲的航海事业起到了巨大的推动作用。全球化的序幕开启于15世纪的地理大发现，第一个驶向大西洋的也是一位意大利人——哥伦布。他是《马可·波罗游记》的最热心读者，他带着西班

---

[1] 张西平. 西方游记汉学的奠基之作——《马可波罗游记》的历史价值 [J]. 社会科学论坛, 2017, (8): 115-122.

牙国王的致大汗书，带着《马可·波罗游记》给他的梦想，出航去寻找契丹，寻找那片香料堆积如山、黄金遍地的神秘国土。

哥伦布意外发现美洲，新的时代到来了。新航路开辟后，美洲的马铃薯、烟草、玉米、花生等作物传入中国，促进了粮食产量的提高，推动了农业发展。文化上，"西学东渐"开始，利玛窦等西方传教士东来，传播了一些先进的西方文化，如《坤舆万国全图》。徐光启等人开始注意吸收西方科技成果，如在《农政全书》中介绍了欧洲先进的水利技术与工具。

马可·波罗东方之旅已经过去 700 多年了，他是中西方文化交流的友好使者，是一个时代的象征，为世界文化交流与融合做出了巨大的贡献。他的精神依然震撼着人们心灵，激励着人们不断作出新的探索取得新的进展。

宋元时期并没有过多"重农抑商"的思想，因此其商业贸易十分发达。另外南方地区在宋元时期的种种政策之下，经济发展水平较高，其不管是经济实力和武力都已经达到了世界巅峰水平，这使得当时的政府有许多资金来扩大丝绸之路的规模，为远洋航行提供充足的资金支持。随着东西方不同文化的交流碰撞，宋元时期海上丝绸之路推动了几乎整个世界的进步和发展。

2.1.5 明清时期

明清时期的中国可以说是丝绸之路由盛转衰的过程。1405 年到 1433 年一支庞大的船队在三宝太监郑和的带队下七次出海，航程遍及东南亚，并穿越马六甲海峡，横跨印度洋，最远抵达位于非洲东海岸的肯尼亚港口城市马林迪，这就是著名的郑和七下西洋。一般认为，明成祖朱棣启动郑和下西洋改变了明朝初年的海禁政策，有利于恢复海外贸易。同时，郑和船队所到之处极力宣扬明朝国威，促进了政治和文化交流，一时间，向明朝朝贡的国家超过 60 个，包括今泰国、越南、缅甸等国。朝贡贸易的发达使海上丝绸之路再度兴盛，其繁茂程度甚至超过了宋元时代，然而这是虚幻的盛世，随着明朝停止出海，丝绸之路逐渐归于沉寂，而且是永久的沉寂下来。整个明清时期，再也没能重现辉煌。从巅峰到谷底，丝绸之路为什么衰落得如此迅速，这同明朝政府的指导思想有关。明成祖朱棣命郑和下西洋并不是为了打开国门，与世界交流，而是具有较强的政治意义，制造出一幅万国来朝的景象。郑和也很好地完成了任务。郑和七下西洋走的是宋元时代的航线，造船术也继承了元朝。郑和借助宋元时代的贸易通道，完成朝廷交付的任务。但经济效益并不显著，像朝贡贸易就是亏本。明朝给予朝贡国的回馈价值往往是贡品的好几倍，财政不堪重负，这注定了下西洋是难以持续的。明宣宗即位后，鉴于花费太高了，停止了远航，此后，中国再也没有组织过如此大规模的长距离远航。前面讲过欧洲人在很长一段时间无法直接同东方联系，自从葡萄牙航海家迪亚士绕过非洲最南端的好望角，成功驶入印度洋，葡萄牙人开始在非洲东海岸建立据点，十年后，另一位葡萄牙航海家达伽马率团队从肯尼亚出发，横穿印度洋抵达印度西海岸。1511 年，葡萄牙人进攻了印度洋与太平洋的咽喉要道马六甲海峡。葡萄牙人最终垄断了东印度群岛，1554 年，葡萄牙人占据中国澳门，把它打造成贸易中转站。明朝逐渐衰败，丝绸之路也由盛转衰。但最终西方列强未能打开中国的国门。而且随着明朝于 1644 年的变化，新兴的清王朝显示出了勃勃生机。在欧洲人看来，清朝皇帝比明朝皇帝心态开放，也更乐于发展贸易关系，这在康熙当政时达到高潮。1683 年清朝收复台湾，康熙随即宣布解除海禁，并设立四大海关，即广州粤海关，厦门闽海关，宁波浙海关，上海江海关，允许外商做生意，史称四口通商，东西方贸易一时间分外繁忙。康熙也对西方的新知识很感兴趣，他跟汤若望、南怀仁等传教士广泛学习，涉猎数学、哲学、医学、天文学等各个领域，都达到了很高的造诣。1757 年 10 月，鉴于英国船只多次非法进入江浙海面，窥探中国内陆，乾隆颁布谕旨，此后东西方贸易只允许在广州进行，其他口岸全部关闭，四口通商变成了一口农商。直到 40 多年后，英国凭借工业革命后飞速增长的军事实力撬开了中国国门，那以后，东西方贸易主导权完全掌握在西方列强手中，古代中国丝绸之路随之画上句号。

2.2 中华文化对外传播特点分析

在中外文化交流中，主动交流和被动交流都存在。主动交流指的是中国向外输出文化、思想、技术等，如遣唐使派往日本、鉴真东渡传播佛教等。这种交流通常是由中国一方发起，目的是促进双方的互动与合作。被动交流则是指外部文化、思想、技术等被引入中国，如丝绸之路上的商品、佛教的传入等。这些交流往往是由外部因素的影响或者中国的需求所致。

中国的对外交流一直以平等互利为原则，力求在与外部世界的互动中取长补短、共同发展。然而，随着历史的变迁，有时中国也会经历从输出国到被输出国的转变。在这个过程中，一些不良文化可能会对中国的优秀文化产生不利影响，这需要加强文化自信，提升中国文化的软实力，以抵御外来文化的侵蚀，保护本土文化的独特性。

在当前国际格局下，中国积极争取话语权，努力推动中国文化在世界舞台上的传播与影响。这不仅是为了维护中国文化的尊严和地位，更是为了促进世界文化的多样性和交流。通过加强文化交流与合作，中国可以更好地展示自身的文化魅力，增进与其他国家的友好关系，为构建人类命运共同体作出积极贡献。

2.2.1 进程必然化

中华文化对外传播的进程是一个必然的趋势。随着中国在经济、科技、文化等方面的崛起，国际社会对中国文化的关注与需求也在不断增加。这种对外传播的趋势不仅是中国文化影响力扩大的表现，也是中国参与全球文化交流与互动的重要方式。

首先，中国拥有悠久的历史文化传统和丰富的文化资源，如孔子文化、儒家思想、中国书法、中国绘画、中国茶文化等，这些都是中华文化独特的代表，具有很强的吸引力和影响力。随着国际社会对中国文化的认知和理解不断提升，中国文化自然而然地开始走向世界。

其次，中国积极倡导和推动文化交流与合作。中国提倡文明交流互鉴，倡导和平共处、互利共赢的理念，通过举办文化交流活动、设立文化中心、举办文化节庆等方式，加强与其他国家和地区的文化交流与合作，推动各国之间的文化交流与互动。

再者，随着中国经济实力的增强和国际地位的提升，中国文化产业也在不断发展壮大，中国电影、电视剧、音乐、舞蹈等在国际上的影响力逐渐扩大，为中华文化的全球传播提供了有力支持。

总的来说，中华文化对外传播的进程是不可逆转的趋势，这不仅有助于增进世界各国人民之间的相互了解与友谊，也促进了中华文化的创新与发展，推动了人类文明的进步与发展。

2.2.2 内容体系化

中华文化对外传播的内容体系化是指将中国传统文化的核心价值、精华内容进行系统整理和组织，以便更好地向国际社会传播和展示。这种体系化的传播有助于加深外界对中华文化的理解和认知，提升中国文化的国际影响力，促进文化交流与互鉴。其内容的体系化主要包括核心价值体系、精华内容展示、历史传承与创新发展、跨文化交流和对话以及文化软实力建设等几个方面：

中华文化的核心价值体系包括儒家思想、道家理念、佛教思想等。通过系统梳理和阐释这些核心价值，可以让国际社会更加清晰地了解中国传统文化的思想基础和价值取向。

中华文化有着丰富多彩的内容，如中国传统绘画、书法艺术、古代文学、传统医药、茶道文化等。将这些精华内容进行分类整理，并进行展示和解读，有助于展示中国文化的博大精深，引起国际社会的兴趣和好奇。

中华文化传承了悠久的历史，同时也在不断创新发展。对中华文化的传统和现代两个方面进行全面展示，可以让外界更加全面地了解中国文化的传统根基和现代面貌，增进对中国的全面认知。

中华文化与其他文化之间的交流对话是文化传播的重要环节。通过体系化的传播方式，可以促进不同文化之间的交流与互鉴，搭建起各国之间的文化桥梁，增进文化多样性和共存共荣的理念。

中华文化对外传播的体系化也是中国文化软实力建设的重要一环。通过传播中国传统文化的核心价值和精华内容，提升中国在国际舞台上的文化影响力，增强中国文化的国际竞争力。

2.2.3 空间扩大化

中华文化对外传播的空间扩大化指的是在地域范围上将中国传统文化的影响

力拓展至全球范围,使更多的人群能够接触、理解和感受到中国文化的魅力。这种扩大化不仅是中国文化影响力的表现,也是中国积极参与全球文化交流与互动的体现,其内容主要包括国际文化交流活动、文化节庆与庆典、文化中心与机构建设、数字化与网络传播、国际合作与交流项目等。

中华文化对外传播的空间扩大化可以通过举办各种国际性的文化交流活动来实现。例如,举办国际艺术节、文化展览、音乐会、舞蹈表演等,让中国传统文化走出国门,与世界各国的文化进行对话与交流。

在国际重要节庆或活动中,积极展示中国传统文化,让世界各地的人们共同体验中国文化的魅力。例如,在世界各地的春节庆典上,展示中国传统舞龙舞狮、传统音乐、民俗表演等,吸引更多人了解和参与。

在世界各地设立中国文化中心、孔子学院等机构,提供中文教学、中国传统文化介绍、文化交流活动等服务,向当地人民传播中国文化,增进对中国的理解与友好情感。例如,中国文化中心在欧洲的巴黎、伦敦、柏林等城市,定期举办中国传统艺术展览、电影放映、讲座等活动,吸引了当地人民前来参观,并促进了中法、中英、中德等国之间的文化交流与合作。

借助互联网和数字化技术,将中国传统文化以多种形式呈现在全球范围内。通过建设中文网站、推广中国文化 App、开展网络直播等方式,让更多人通过网络了解和体验中国文化。譬如,可以开发和推广汉语学习 App、中国传统文化解说 App 等中国文化相关的手机应用程序,这些 App 可以为用户提供汉语学习课程、传统文化知识介绍、历史故事讲解等内容,让用户随时随地通过手机了解和体验中国文化。

积极开展国际文化合作与交流项目,与其他国家和地区共同举办文化展览、演出、学术研讨等活动,促进各国之间的文化交流与互鉴。

例如,中国艺术团体与外国艺术机构合作举办音乐会、舞蹈表演、戏剧演出等文化活动,与其他国家和地区合作举办各种文化展览,展示各自的传统文化、艺术品和历史遗产。前些年,中国国家博物馆与法国卢浮宫合作举办了《法国卢浮宫藏品展》等展览,让中国观众近距离欣赏到法国艺术珍品,促进了中法文化交流与互鉴。

通过以上措施，中华文化对外传播的空间将得到更大的拓展，使中国传统文化的影响力覆盖到世界各地，促进世界各国之间的文化交流与互动，实现文化共融与共赢的目标。

2.2.4 过程交互化

中华文化对外传播的过程是一个交互性的过程，不仅包括中国文化向外界传播，也包括外界对中国文化的接受和反馈。这种交互性的传播过程促进了文化的融合与创新，实现了文化传播的互惠互利，同时也吸引了各方的共同参与，推动了文化交流的广泛发展。

在文化传播过程中，不仅仅是中国向外界传播文化，也包括外界对中国文化的接受和反馈。外国人学习汉语、学习中国传统文化，同时也会对其进行解读和反馈。这种双向的文化交流促进了文化传播的互动性。在全球范围内，越来越多的外国人选择学习汉语。他们在中国留学、工作或旅游期间，不仅学习汉语，还深入了解中国的历史、文化和传统。通过学习汉语，他们能更深入地了解中国人民的生活方式和价值观念。

文化传播需要将中国文化与外部文化相互融合，产生新的文化形式和内容。例如，中国传统绘画和西方现代艺术相结合，形成了中国当代艺术；中国菜肴与外国烹饪技艺相融合，产生了地道的中西合璧菜肴。这种融合与创新为文化的发展注入了新的活力。

文化传播不仅是中国向外界传播文化，也包括外界向中国传播文化。外国文化通过各种渠道进入中国，为中国社会带来新的思想、观念和艺术形式，丰富了中国人民的文化体验。同时，中国文化也通过各种方式传播到外国，为外国人民带来新的文化体验和认知。

文化传播不仅是政府或特定机构的参与，同时也包括了个人、社会团体、学术界等各个方面的参与。通过各种文化活动、交流项目，各方共同参与文化传播的过程，促进了文化交流的广泛性和深度性。

2.3 中华文化对外传播的因素

在全球化日益深入的今天，中华文化的对外传播已成为中国国际形象塑造和文化软实力提升的重要途径。政治稳定与经济发展为中华文化走向世界奠定了坚实的基础，为其更好地对外传播提供了有力支撑。随着中国经济的蓬勃发展，中华文化的自信与繁荣也日益显现，展现出其独特的魅力和活力。在这样的背景下，中华文化以其悠久的历史底蕴、丰富的文化内涵和独特的审美价值，正逐步走向世界舞台，成为世界文化交流与互鉴的重要组成部分。

2.3.1 政治稳定

政治稳定是中华文化更好地对外传播的重要因素之一，其重要性不言而喻。

首先，政治稳定为文化对外传播提供了坚实的基础和保障。在政治稳定的环境下，国家能够更加专注于文化交流与合作，不受内部政治动荡的影响，使文化传播活动能够顺利进行，取得更好的效果。

其次，政治稳定为文化交流提供了良好的外部环境。稳定的政治局势使国家间关系更加和谐稳定，各国更加愿意开展文化交流与合作，增进相互了解与友谊。这种良好的外部环境为中华文化的传播打下了坚实的基础，促进了文化交流与互鉴的深入发展。

另外，政治稳定也能够增强国家的国际形象。一个政治稳定、安全有序的国家更容易获得其他国家的尊重和信任，从而为中华文化在国际上的传播赢得更多的支持与认可。国际社会对一个政治稳定的国家更加愿意开放心态，更加乐于接受并了解该国的文化，从而推动中华文化在国际上的更广泛传播。

综上所述，政治稳定不仅为中华文化的对外传播提供了重要的保障和支持，而且为文化交流与互鉴的深入发展奠定了坚实的基础，因此，在推动中华文化走向世界的过程中，政治稳定是至关重要的因素之一。

2.3.2 经济发展

经济发展是中华文化更好地对外传播的重要因素之一。经济的繁荣和发展为文化传播提供了有力支撑和条件。首先，经济发展提供了充足的资源支持。一个经济发达的国家拥有更多的资源用于文化产业的发展和对外推广。这包括资金、人力、物质和技术等各方面的支持，使文化产品和活动更加丰富多样，更具吸引力和竞争力。其次，经济发展提升了国家的国际地位和影响力。一个经济强大的国家在国际事务中拥有更多的话语权和影响力，其文化传播活动更容易获得其他国家的认可和关注。通过经济合作和交流，可以更好地推广中华文化，增进其他国家对其的了解和认同。另外，经济发展也提高了人民的文化消费能力。随着经济水平的提高，人们对文化产品和活动的需求也会不断增长。这为文化产业的发展和对外传播提供了广阔的市场和发展空间。同时，经济发展也为人们参与国际文化交流提供了更多的机会和条件，促进了文化互鉴和交流的深入发展。

总而言之，经济发展为中华文化更好地对外传播提供了重要支持和条件，是推动中华文化走向世界的重要动力之一。通过积极利用经济发展带来的机遇，加强文化产业的发展和对外交流合作，可以更好地传播中华文化，提升国家的文化软实力和国际影响力。

2.3.3 文化繁荣

文化繁荣体现了一个国家或地区的文化生命力和活力，是吸引外界关注和认可的重要因素，也是中华文化能够更好地对外传播的因素。

首先，文化繁荣使中华文化更具吸引力。当一个文化充满活力、创意和魅力时，会吸引更多人的关注和兴趣。中华文化的繁荣包括传统文化的传承与创新，当代文化的发展与壮大，这些都为对外传播提供了丰富的内容和形式。

其次，文化繁荣提升了中华文化的影响力。随着文化产业的蓬勃发展，中华文化在国际上的影响力也在不断增强。优秀的文化作品、艺术表演、文化节庆等活动都能够吸引国际关注，使更多人了解和喜爱中华文化。

另外，文化繁荣也促进了文化交流与互鉴。当一个文化繁荣发展时，它不仅吸引着外界的目光，也能够与其他文化进行交流与融合。中华文化的繁荣为国际间的文化交流提供了更多的契机和平台，推动了文化互鉴与共同发展。

2.3.4 文化自信

文化自信是指一个国家或民族对自身文化的自豪感、自信心和认同感。在中华文化对外传播过程中，文化自信具有至关重要的作用。

首先，文化自信是推动文化对外传播的内在动力。当一个国家或民族对自身文化充满自信时，会更加积极地推广和宣传自己的文化，使其更好地为世界所了解和认可。文化自信激发了人们对中华文化的热爱和信心，推动了文化对外传播活动的开展。

其次，文化自信是吸引外界关注和认同的重要因素。一个自信的文化能够展现出自身的独特魅力和魄力，吸引更多人的关注和认同。中华文化自信的展现会让外界对其产生更大的兴趣，从而促进了文化交流与互鉴的深入发展。

另外，文化自信也是增强国家软实力的重要途径。自信的文化能够提升国家的国际形象和影响力，使其在国际舞台上更具竞争力和吸引力。中华文化的自信展示会增强国家的文化软实力，推动中华文化更好地走向世界。

综上所述，文化自信是中华文化更好地对外传播的重要因素之一。通过不断弘扬和展现中华文化的自信，可以激发更多人的热爱和认同，推动中华文化在国际上的更广泛传播和影响力的提升。

第3章
新时代中华文化对外传播要素分析

当前，经济全球化进程不断加快，中国与世界的发展相互激荡、深度融合。文化作为国之根本，对于提升国家综合国力具有重要意义。因此，大力弘扬中华优秀传统文化，更好地了解和把握文化对外传播的基本要素，对于进一步加强和推动中华文化对外传播，显得愈发重要。

《辞海》中"传播"的释义为广泛散布，即传播消息。初见于《北史·突厥传》，所谓"宜传播天下，咸使知闻"，意思是在天下广泛散布消息，让天下的人都知道此事。在传播学中，传播指人与人之间通过符号传递信息、观念、态度、感情，以此实现信息共享和互换的过程。传播学奠基人之一的拉斯韦尔曾提出传播过程的构成"五要素"，即谁、说什么、对谁说、通过哪种渠道、产生了什么效果。其中，"谁"即传播者；"说什么"是传播的内容；"渠道"是传递信息的载体；"对谁"即传播的对象；"效果"是传播对象所产生的认知情感等反应。对于传播的功能，拉斯韦尔明确强调传播的外部功能之一就是传承文化。奥斯古德将传播看作是一种行为，提出了传播的"双行为模式"，即传播过程中的每个人既是发送者又是接收者，既编码又译码，都具有双重行为。[①] 由此可见，传播是由传播内容、传播主体、传播媒介、传播受众等诸要素组成的一个系统，它们之间是相辅相成的有机统一体，只有使各要素之间相互协调形成良性的传播运行机制，并以此提出有效的对外传播策略，才能真正推动中华文化的对外传播。

---

① 邵培仁. 传播学 [M]. 北京：高等教育出版社，2015.

3.1 中华文化对外传播的内容

中华文化源远流长、浩如烟海。通过浏览中国传统文化网中的文化纵览栏目，我们可查询到中华文化涉及诸子百家、琴棋书画、传统文学、传统节日、中华诗词、中国戏剧、中国建筑、汉字汉语、传统中医、宗教哲学、民间工艺、中华武术、地域文化、民风民俗、衣冠服饰、四大雅戏、动物植物、古玩器物、饮食厨艺、神话传说、神妖鬼怪、传统音乐、戏曲、中国对联、中国名山大川共25 类。虽罗列类别繁多，但也未必就概括清楚和全面。中华文化是中华民族智慧与经验的结晶，是五千年历史和成果的积淀，它不仅构成了中华民族的传统，在对外传播中也为世界人民提供了无限的启发。中华文化博大精深，有待我们不断挖掘更多的内容，更深的道理。新时代背景下，文化传承要突破地域限制，就要在对外传播中传承中华优秀传统文化，深刻解读文化传承的内涵，不断传承中华优秀传统文化，才能担负起新的文化使命。

拿破仑说过："世上只有两种力量：利剑和思想。从长远看，利剑总是败给思想。"思想蕴藏于文化之中，富有感召力的文化价值观念往往能触及人的灵魂，正如习近平总书记指出的"价值观念在一定社会的文化中是起中轴作用的，文化的影响力首先是价值观念的影响力"。因此，要在世界文化交流中不断提高、扩大中华民族的世界文化影响力的层次和范围，就必须大力挖掘中国传统文化，发掘文化优势。

结合中国当前的文化发展，当代中国发展的文化优势可以概括为六条，一是有科学的指导思想指引。当代中国的文化发展始终坚持社会主义道路，始终以习近平文化思想作指引，正是有了科学的思想为指引，中国文化对外传播才有了方向；二是有巩固的主流意识形态，坚持学习马克思主义理论思想，巩固其在意识形态领域的地位；三是有优秀的传统文化，如中国十大国粹中的茶艺、围棋、京剧、书法、中医、武术、汉服、刺绣、瓷器、剪纸；四是有传承初心和使命的革命文化，并形成了中华民族宝贵的精神财富，如延安精神、大别山精神、苏区精神、红船精神、吕梁精神、长征精神、老区精神、井冈山精神、抗战精神、遵义会议精神、西柏坡精神等，共同构成了中国精神谱系图；五是有以人民为中心的先进文化，始终坚持以人民为中心的工作导向，全心全意为人民服务；六是有全国各族人民取得共识的价值观念。新时代下，国家不断弘扬社会主义核心价值观，在国家层面，倡导富强、民主、文明、和谐，在社会层面，倡导自由、平等、公正、法治，在个人层面倡导爱国、敬业、诚信、友善；七是有更基础、更广泛、更深厚的文化自信，形成对本民族的自豪感；八是有构建人类命运共同体的价值关怀，彰显"天下大同"的中国智慧。

一个国家的文化体系，取决于这个国家传统文化的积淀与传承，也决定于文化时代精神的丰富与补充。那么，如何加强文化软实力，丰富文化内涵，这是每个人都应思考的问题。"软实力"的概念最初是由美国哈弗大学教授约瑟夫·奈于提出来的，与国家军事、经济力量等组成的"硬实力"的概念不同，"软实力"指的是能够影响他国意愿的精神力量，包括政治制度的吸引力、价值观的感召力和文化的感染力等软要素。软实力的发展关系着推动中国民族伟大复兴的实现。

但是，提高中华文化软实力是一个长期而综合性的过程，其长期性要求我们要树立"文化软实力是重要国力"的观念，充分挖掘中华优秀文化中的精髓，去其糟粕，传承创新，九九为功。其综合性要求我们应该全面挖掘、继承、传播优秀传统文化，发掘史料、文物、风俗等多形式中蕴涵的传统文化。只有兼顾提高中华文化软实力的长期性和综合性，才能做到"国家硬实力"和"文化软实力"两手都要抓，两手都要硬。

传统思想是一种反映民族特质和风貌的民族文化思想，是民族历史上各种文化、观念形态的总体表征，因其具有稳定性、传承性、民族性等特点，成为了中华文化的重要组成部分。民族的传统文化不仅在历史上形成了各个民族的文化，同时还作为民族文化的基础，不断影响民族文化的发展走向。蒙古族历史悠久，过着游牧生活，每年举办的"那达慕"大会，设有摔跤、赛马、射箭等项目，显示出了中国独有的草原文化；苗族崇拜自然，挑花、刺绣等工艺品赢得国际上的赞誉；傣族的泼水节，宴请亲朋好友，以泼水的方式相互祝贺。这些都是基于本民族的历史根基,是各个民族不断发展起来的文化特色。就如马克思主义创始人所言:"人们自己创造自己的历史,他们并不是随心所欲地创造,并不是在他们自己选定的条件下创造,而在直接碰到的、既定的、从过去承继下来的条件下创造。"中华文化走向世界在文化内容选择上,首先应立足于传统文化,挖掘传统文化资源,在此基础上,再选择社会主义现代化新文化,从而建设中国特色社会主义先进文化,并将中华优秀的传统文化进行对外传播。

3.1.1 中华文化对外传播的基本内涵

文化对外传播是国家发展战略的关键组成部分,中华文化走向世界战略就是我国整体发展战略的重要组成部分。目前,我国正处于一个大有可为的历史机遇期,从"走近"世界舞台中心到"走进"世界舞台中心,我们迎来了国家繁荣富强的诸多机遇。因此,我国积极地施行中华文化对外传播政策,促进中华文化从"走出去"到"走进去"转变,实现真正意义上的中华优秀文化对外传播,进一步提升我国的文化软实力和国际影响力。

文化传播是指文化从一个社会传到另一个社会,从一个区域传到另一个区域以及从一个群体到另一个群体的互动现象。对外传播,即将本国的政治、经济、文化、社会、生态等方面的信息传达到国际社会,其行为主体一般表现为大众传媒。在文化对外传播的过程中,由于涉及到不同国家跨文化交际的差异性,就要考虑其文化内涵是否为接受者所理解。因此,我们应该更多的以人类命运共同体为核心观念,以包容的姿态,不断推动全球文化平等互鉴。结合上述两个概念,从战略意义上看,文化对外传播可以理解为传播者通过对文化信息的沟通和交流,以求得他国对本国文化的认同,进而求得在本国实施国家对外战略时他国能够予以默认、配合和追随的现象。就文化对外传播的基本形式而言,主要是通过与国外文化上的传播、交流、贸易等方式,把中华文化传播出去,在国际上提高中华文化的认同度和知名度,增强文化的国际影响力,进一步提升当代中国的文化软实力。就中华文化对外传播的基本内涵来看,可以从内容与形式两个基本维度对其加以概括。①

就内容而言，我们可以从文化结构层面就文化对外传播进行探讨。《文化学辞典》中曾论证过不同的文化要素或文化丛之间存在着不同的秩序关系，它们共同形成了文化的整体结构。大体上看，文化可分为物质文化、制度行为文化和精神心理文化三个层面，三者之间相互连接，相互渗透。最表层的结构是物质文化，即人类创造的物质产品体现出的文化，如饮食文化、服饰文化、建筑文化等；处于结构中层的是制度行为文化，即人类在实践中建立起来的各种社会规范，这是每个人民都要共同遵守的行为规范；最深层的结构是精神心理文化，即人类各种意识观念形态的集合，如哲学思想、伦理学思想等。文化的具体内容又可概括为三个方面：中国优秀的传统文化和先进的现代文化，当代中国社会建设经验，以及中国社会主义核心价值体系。这三种文化一脉相承，与时俱进，共同构成了我们所倡导的新时代的中国式现代化。其中，中国优秀传统文化是中国式现代化的"根"与"魂"，中国式现代化的发展需要以中国优秀传统文化为思想根基，不断挖掘中华民族的文化底蕴，促进中国式现代化的发展迈向新的高度。内涵丰富、品类众多的中华文化是中国人民智慧与汗水的结晶，是全人类的财富，是当今多元世界不可或缺的重要组成，当代中国人有责任也有义务以符合时代要求的方式与世界人民分享我中华文化，讲好中国故事、传递中国好声音，并在此过程中将之传承光大。

就形式而言，文化对外传播包括文化宣传、文化交流、文化贸易和文化外交四种方式，这四种方式密不可分，都是文化对外传播方式的重要组成部分。中国始终重视壮大和发展对外文化传播工作，为之付出了很多努力，如在文化宣传方面，中国积极开展非物质文化遗产展示展演、文化进万家等活动，传承文化瑰宝，保护非遗文化；在文化交流方面，推出中国年画国外巡展，中国文创海外推广等系列活动，向国外人民展现中国年画的魅力，这些活动不仅传承了本民族的文化创新精神，也为国外人民发出新春的祝福；在文化贸易方面，创新性地打造数字文化贸易，推进对外文化贸易创新性高质量发展；在文化外交方面，每年举

---

① 张泗考. 跨文化传播视域下中华文化走向世界战略研究 [D]. 石家庄：河北师范大学，2016.

办外交官中国文化论坛，加深不同国家之间的友谊。目前，中国已形成文化外交、文化交流、文化宣传和文化贸易四大工作领域，构建起了全方位、多层次、宽领域、多渠道的工作格局。加强文化对外传播能力，不仅能增强本民族的文化自信，而且能让更多国家的人民了解中国，推动各国文化的交流互鉴。

从文化对外传播的角度分析，文化宣传是一个内涵丰富，具有极大的包容度与吸纳力的概念，包括对外文化宣传和对外文化报道两种内容。"宣传"和"报道"都是以传播信息为目的，但侧重点不同，宣传侧重于弘扬精神的行为活动，而报道侧重于通过某种载体陈述内容。可以说，在某种程度上，报道属于宣传的一种方式。因此，对外文化宣传主要是指中国官方对其他国家和地区开展的信息传播交流或思想信仰的阐释说服，展开的类型多为大型的文化系列活动；对外文化报道特指通过大众传播媒介传播新闻、思想、观点等信息，如在新闻发布会、开幕式上的报道等。传播学奠基人拉斯韦尔曾这样界定宣传："通过直接操纵社会暗示，而不是通过社会环境中或有机体中的其他条件，来控制公众舆论和态度。"这句话表明宣传的本质在于使受众包括思想、信仰在内的态度向传播者的立场转化。我国著名学者赵启正指出，在中国基本情况的对外宣传方面，要精选我们最想告诉外国人和外国人最关心的内容；在时政新闻的对外报道方面要提高时效，尤其是处理突发事件的报道；在热点问题的对外介绍和解释方面，要加强报道内容的针对性和说理性。

中国媒体记者曾汇总过在十九大报告上外媒最关心的中国内容，除国际舆论聚焦的有关社会主义现代化强国、中国特色社会主义新时代等新概念外，还涉及到中国对外开放、中国反腐行动等具体的内容。国外人民对上述内容的关注，说明我国提出的目标和方案符合新时代要求，也表明国际社会对中国的发展的关注度也越来越高。对于这类政治性的文化宣传，我们应把坚守中国文化立场放在首位，形成经济部门、外事部门、文化和旅游部门多方联动效应，做好文化输出工作，搭建对外门户官方网站、手机客户端、海外电子书籍等多种渠道传播文化平台，深化人文交流与互鉴，打造新颖的中华文化旅游体验，大力推进中华文化对外宣传态势。

对于我国的文化宣传而言，对外文化宣传和对外文化传播经常是重叠的，是一个问题的两个方面，也可以说是合二为一的一个大领域，如果一定要对二者加以区分，两者之间的唯一区别就是：对外文化宣传强调主观，强调以我为主，强调旗帜鲜明的立场、观点和看法；而对外文化传播则更强调客观、中立，相对回避宣传和教育的味道，强调信息与服务的客观性与中立性。因此，对外文化传播表明的是传受双方平等共享，对外文化宣传的根本目的是要说服受众改变立场。从中华文化走向世界的整体上看，我们不应简单地把二者硬性拆开，因为宣传中有传播，传播中也有宣传。"中国目前应该更多地强调按照国际惯例和对象国受众习惯，尽可能地遵循国际惯例和观众习惯，有针对性地进行选题的组织，尤其是报道方法要具有贴近性与亲切感，从而提升中国对外报道的公信力和权威度"，以此来提高中华文化的对外报道和宣传能力。

文化交流是指行为主体之间的文化来往活动。典型的文化交流发生在文化源差异显著的行为体，特别是处在不同文化圈的国家和地区关系之间。"文化圈"这一概念最早是由文化人类学家莱奥·弗罗贝纽斯于1911年提出，用来描述相同文化特征或文化要素的地理区域，他将世界"文化圈"分为五种类别，分别是汉字文化圈、拉丁文化圈、伊斯兰文化圈、印度文化圈和东欧文化圈。每种文化圈都属于一个空间范围，分布着彼此相关的文化特征。因此，对于不同文化圈之间的交流，能够促进不同文化类型之间的相互借鉴、吸收、互通有无，促进彼此的丰富和发展。

新时代背景下，我们面临着经济全球化带来的机遇和挑战，政治多极化的深入发展，文化霸权主义和文化主权侵占的危机，以至于不同国家之间的思想碰撞和文化交流更加频繁，但是，矛盾和冲突仍有存在，因此，对于各国之间的文化交流国际上也有更高的要求。

21世纪以来，世界人民对于和平发展、互利共赢的呼声越来越高，新时代下的文化交流亦显得越来越重要，中国始终肩负着促进世界文明发展的历史使命，在国际舞台上展现出了大国担当。从中外文化交流的基本导向来看，中国坚持以构建人类文化共同体为理念导向，以增强文化自信为安全导向，以提升文化国际传播效能为创新导向。对于中外文化交流的主要原则来说，我国尊重世界文化多样性，主动弘扬全人类共同价值，重视文明传承和创新，不断加强国际人文交流合作。① 中国除了积极构建双边合作机制，还出现了中欧、中阿、中非、上合等多边人文合作机制，构成了中国与发展中国家的外交整体框架。在文化交流活动方面，政府支持的交流项目也突破了传统的政府团、演出团和展览团这"老三样"，出现了部长论坛、文化政策圆桌会议、艺术家作家客座创作等交流形式，丰富了文化交流的形式和内涵。继 2003 年中国和法国推出互办文化年，中国在巴黎相继举行了中国中央民族乐团演出、四川三星堆文物展、《红色娘子军》芭蕾舞演出、时装作品发布会、中国棋类交流、饮食文化节、中国世界遗产摄影作品等对外文化交流活动，中国文化年已成为中国对外交流的重要文化标志品牌，中国始终秉承包容、理解、促进的思想，不断推动全球文化对外开放。

在全球贸易格局中，文化贸易的比例和影响越来越突出，特别是在全球服务贸易竞争中，文化贸易已成为最重要的竞争领域之一。一般意义上讲，文化贸易是指在国际上，国家与国家之间文化产品和文化服务的进口和出口的贸易方式，即是贸易的双方之间，一方向国家对另一方国家提供文化产品和文化服务，并以此获得收入的过程。对双方来说，就是对其中一方国家称之为文化产品和文化服务的出口或文化产品和文化服务输出，对另外一方国家而言就是文化产品和文化服务进口或文化产品和文化服务输入。现在，文化贸易已成为文化传播的主要形式之一。

自"一带一路"倡议提出以来，中国政府高度重视与共建国家的文化贸易发展，不断推动文化市场的对外开放，与各友好国家进行深入的交流与合作，在文化贸易方面取得了显著成就，具体可归结为六个方面②：一是文化贸易方针政策更加明确。中央各部门和各省市纷纷出台有关文化贸易相关政策，如中共中央办公厅、国务院办公厅发布的《"十四五"文化发展规划》，提到要突出文化内涵、提高核心文化产品在文化贸易中的份额；二是任务部署更加细致具体。如上海市颁布的全面深化服务贸易创新发展试点实施的方案，专门针对提高服务数字文化提出具体措施；三是地方文化特色更加突出。如黑龙江省充分发挥地域特色，推

---

① 《习近平谈治国理政》第二卷 [M]. 北京：外文出版社，2017.
② 任力，章阳，高拴平. 中国与"一带一路"共建国家文化贸易成效、挑战与对策 [J]. 国际贸易，2024（02）：47-57.

出冰雪游系列体验活动,打造冰雪户外打卡景点,并创办国际冰雪节等项目,推动当地文化旅行产业创新发展;四是文化贸易基地和项目不断涌现。据统计,截止到2023年,中国已有哈尔滨基地、衡水基地、杭州基地、三亚基地等12家国家对外文化贸易基地;五是文化产品贸易规模与顺差扩大。据数据显示,2022年我国的贸易总额约为2012年的三倍之多;六是文化传播多点突破。涉及影视作品、游戏产品、汉服等方方面面。

文化外交是一国政府所从事的对外文化关系的总和,是以主权国家为主体的对外行使主权的官方文化关系。具体来说,文化外交就是以文化传播、文化交流与文化沟通为主要内容所展开的外交,是主权国家利用文化手段达到特定政治目的或对外战略意图的一种外交活动。[①] 文化外交的最大特点是使用"和平手段"实施对外交往,最能体现使用交涉、谈判和其他和平方式对外行使主权的外交特点,这些和平之上的"和平方式"使文化外交成为"外交中的外交",以此来构建各国人民之间的相互理解、相互信任、深入交流与合作。

文化外交的手段有很多,最直接的方法是通过文化谈判签订文化交流合作项目,参与国际上的文化会议,此外,也可以是通过影视作品、书籍刊物等产生国际舆论,间接影响他国行为,实现文化外交目的。我国积极构建中国特色大国文化外交,不仅立场坚定,而且理念创新,以大国姿态,勇于担当国际难题。近十年来,中国不断探索"一带一路"、上海合作组织等战略内容,提出"伙伴关系"、多边外交的战略思想,成立文化部对外文化联络局专门负责文化外交事务,联动商务部、外交部等多个部门,不断丰富文化资源。建立孔子学院,传播中国优秀文化,为各国提供中国智慧。创办"青年汉学家研究计划",为各国汉学家们搭建相互交流的学习平台。

综上所述,文化外交、文化交流、文化宣传和文化贸易的目的都是为了在国际舞台上塑造和提升本国的正面形象、维护国家利益、宣扬国家立场、传播本国意识形态、介绍本国历史文化传统和社会进步,争取和扩大外部世界对本国的认识、友谊、理解、同情与支持。

[①] 彭新良. 外交学研究中的一个新领域——关于文化外交的几点思考 [J]. 宁波大学学报(人文科学版), 2006 (4): 59-64.

另外，按文化对外传播的实施主体来分，可以将文化对外传播概括为政府主导行为、市场主导行为以及民间组织行为。政府主导的文化对外传播行为，一般具有强大的文化影响力，即体现"规模效应"。例如，"文化年"、"中国文化节"和国际文化高层论坛等文化外宣交流活动，均以国家大文化的视角诠释中国为特点，反映中华民族精神，其决策层次高、时间跨度大、交流领域广、覆盖面积大、内容主题突出、合作程度深等方面都集中体现了政府主导的规模效应。而企业主导的文化对外传播行为，是以市场为基础的对外文化贸易，即今天我们逐步熟识的文化产业国际推广形态，就是中华文化商品的出口和对外输出，要培养企业家在对外传播产品的决策能力，不断提高产品和服务的质量，创新设计出具有中华传统文化内涵的产品和服务，结合不同地域的文化特征，推出创新性的中华文化宣传片。最后，民间组织的对外文化交流活动，是政府主导和企业市场行为之外的中国文化全球推广的重要形式，如在奥林匹克运动会上，中国传统文化与奥林匹克文化相结合，设计出具有创新性的文化成果，激发民间组织对外文化交流的活力。随着文化走向世界战略的实施与深化，在政府的积极支持下，此类形式也在日渐增多与丰富。需要注意的是，一些旅居海外且热心推介中华民族文化的华人、华侨、留学生组织同样心系祖国，他们积极为民间文化交流活动牵线搭桥、出资出力，尤其是华人科学家们，更是在推动我们对外文化交流方面起到了重要作用，丰富了我国"民间外交"的参与力度。

3.1.2　中华优秀传统文化

中华优秀传统文化具有其自身特定的价值系统、思维方式、社会心理和审美情趣，和其他文化形态，特别是在与西方文化形态相比时，能够极大地显示出其自身独特的价值内涵。

3.1.2.1　天人合一的整体观念

在人与天的关系上，中国的古圣先贤认为：天、地、人和物之间是相互统一的，彼此之间存在着必然联系，人与宇宙万物浑然为一体，与天地同流，是一荣俱荣、一损俱损的亲善关系。"人与万物皆生于仁，本是一体。故人合下生来便能爱，便是亲亲，由亲亲而推之便能仁民，由仁民而推之便是爱物。故仁者以天地万物为一体。天地以生物为心，人亦以生物为心，本来的心便是仁，本来的人便是仁。"强调天人协调，应该顺应自然、尊重自然，而不是违背自然规律，认为"天地和合，生之大经也"，天地和合是世界万物生存的根本。所以追求"与天地合其德，与日月合其明，与四时合其序，与鬼神合其吉凶"，人应该效法自然，以包容的姿态对待万物的发展。总之，"和合"文化追求人类社会与自然"天人合一"的生态和谐境界。

天人合一的整体观念是中华文化的基本观念。习近平总书记在谈到关于中国智慧、中国方案时，多次提到天人合一的整体观念在其中所蕴含的重要价值，更是把天人合一的整体观念看作是中华文化的宇宙观，倡导新时代下要把天人合一的观念运用到国家的社会经济发展、人与自然关系、文化对外传播之中。

3.1.2.2 自强不息的进取精神

中华优秀传统文化经典中包含着丰富的自强不息、刚健有为的进取精神。"自强不息"出自于《易经》中"天行健，君子以自强不息"。《易经》是用来阐述天地之间万象变化的经典古籍，因为古代帝王经常将其用来施政，百姓将其用来占卜，以预测未知结果，所以该书中的句子充满了智慧与哲理，常常用来警示后人。"天行健"的意思是说日月星辰的运行，没有停止的时候，而后句的"君子以自强不息"，指的是君子也要效法天体的刚健不息，积极进取，不能停滞不前。单看"息"字，由上半部分的"自"和下半部分的"心"字组成，在甲骨文中，"自"代表鼻子，"心"代表胸膛，而"息"就是从鼻子进，从肺里呼出，不停歇。这句话也用于启示后人要培养自己顽强拼搏，不怕吃苦的精神。孔子亦主张"三军可夺帅也，匹夫不可夺志也"，这一语出自于《论语·子罕》。"三军"一词古文中有其丰富的文化含义。最初即左中右三军，在春秋战国时期，设有的"三军"为中上下军，中军为统帅，随着时代变迁，三军又代指前中后军，而现在"三军"一词，成为了整个军队的统称。"匹夫"在古代指的是平民百姓，这句话的意思是军队的首领可以被改变，但百姓们的意志不能被改变。告诫我们要有坚定的信念和意志力。孟子提倡舍生取义的精神。"舍生取义"出自于《孟子·告子上》中的"生，亦我所欲也；义，亦我所欲也；二者不可得兼，舍生而取义者也"。在这里，"生"指的是私利，而"义"指的是"公益"，这二个是相反的存在，这句话告诉我们，当遇到二者的冲突时，我们应该放弃自己生命的私利，为国家无私奉献。这其中包含着中华民族仁人志士的积极进取、道义担当与不屈不挠，成为中华民族的普遍心理认同，磨砺了中华民族生生不息的自强精神。

当前，中国人民更是不断传承中华民族自强不息的民族气概，在新时代的赶考之路上砥砺前行。

3.1.2.3 "贵和尚中"的和谐思想

中华优秀传统文化的核心内核是"和合"与"中庸"思想。"和合"强调"和而不同"与多元共存，崇尚"和为贵"；"中庸"强调不偏不倚、过犹不及，遵循"己所不欲、勿施于人"的做人原则。这些思想塑造了中华民族的民族精神与民族气概，造就了中华文化的源远流长的繁荣和中华民族生生不息的生命力。所以，我们主张不同的文化都应以博大宽广的心胸，以有容乃大的气魄对待他文化。西周末年史伯曾说过："夫和实生物，同则不继。以他平他谓之和，故能丰长而物归之。若以同裨同，尽乃弃矣。"儒家代表人物孔子提出"君子和而不同，小人同而不和"的思想，强调在"不同"的基础上相"和"，才能促使事物发展。而"同"泯灭了事物个性，不仅无法达到"和"的境界，反而会使事物走向衰败境地。因此，"和而不同"思想主张的是和谐而又不是绝对统一，虽然不同但又不产生冲突。另一方面，"和而不同"还主张对由于文化差异而产生冲突，应该通过不同文化间的平等对话和沟通来解决，在求同存异中达到"和"的目的。"和者也，天下之达道也，致中和，天地位焉，万物育焉。"因此"和而不同"的理念体现了中华优秀传统文化中"兼容并包"的价值追求。

"贵和尚中"的和谐思想是中国哲学家、政治家们关于维护人际关系、集体力量、生存发展方面的深入思考，更是人民对国家能够长治久安、和谐发展的期盼。新时代下，贵和尚中的和谐思想在我国人与自然之间、人与人之间、国家与国家之间的发展，起到了指导意义和促进作用。中国始终尊重世界文化的多样性，尊重各民族文化的发展，秉承包容的态度，积极构建人类命运共同体，为世界和平发展做出巨大贡献。

3.1.2.4 "民惟邦本"的民本思想

"民惟邦本"出自《尚书·五子之歌》，"民惟邦本，本固邦宁"，意思是国家要以人民为根本，民心稳定，国家就安宁。中华优秀传统文化高度重视以人为本，《孝经》认为"天地之性人为贵"，人是天地间最有价值的。"民惟邦本，本固邦宁"、"天地之间，莫贵于人"。虽然先秦人将最高统治者均称为"天子"，"率土之滨，莫非王土"，但是在民与君的关系上，"天生民而树之君"，就是为了利民，君之"命"在"养民"，而不必计较个人"命"之长短，"利于民"也是"君之利"。孟子也说："民为贵，社稷次之，君为轻，得乎丘民为天子。"人民最为重要，国家次之，君王最轻。荀子也明确指出："天之生民，非为君也；天之立君，以为民也。"君主应以"天"为榜样，博爱无私，布施恩德和仁爱以厚待人民，反对横征暴敛。强调各级统治者要"躬行其实，以民为先"。《朱子语类》中指出统治者要"节用而爱民"，"因民之利而利之"，以至"老者安之，少者怀之"，使百姓"仰足以事父母，俯足以畜妻子，乐岁终身饱，凶年免于死亡"。由此可见，"民惟邦本"是强调以民为本，"恤民为德裕民、养民"，体现出的是鲜明的民本思想。

3.1.2.5 天下大同的人类理想

中华优秀传统文化在社会理想上追求"小康大同"。"小康"一词原指生活安定，源于《诗经·大雅》中的"民亦劳止，汔可小康"，意思是人民百姓劳作辛苦，应该稍稍得到安乐。西汉《礼记·礼运》中详细描述了小康的思想，将其描述为仅次于"大同"的理想社会的社会模式。虽然"小康"不如"大同"构想的美好，但却是我们能够实现的一种社会模式。《礼记》篇章中，孔子曾对"小康"和"大同"进行区分，在经济方面，"大同"是财产公有，"小康"是私有；在政治方面，"大同"是民主选举，"小康"是君王管理国家；在社会关系方面，"大同"是人与人之民主平等，"小康"开始有了明确的等级尊卑；在思想方面，"大同"是天下为公，"小康"是"天下为家"，具有私有观念。上述思想体现了中国传统文化中理想社会发展的过程，追求的是从"大道既隐，天下为家"到"大道行也，天下为公"的理想社会状态。现在"小康"一词引申为广大人民享有的介于温饱和富裕之间一种较为夯实的生活状态。中华优秀传统文化在人类理想的追求上有着极其丰富的内容和高超的智慧，"它以'观乎人文以化成天下'的把握世界的方式，突出了中华文化所特有的天人合一的宇宙观，重视天人关系和谐与现世人间性和人间秩序等重要内涵"。这些从长期历史发展承传下来的中国丰富的传统民族文化具有强大的生命力，它不仅从深层次上构成了中华民族心理发展和历史传承的要素和共有的精神家园，使我们民族在思维方式、价值取向、伦理观念、审美情趣等方面渐趋认同，成为中华民族强大的向心力和凝聚力所在，而且对维护世界和平，创造共同繁荣的世界文明秩序也有着极为重要的借鉴意义。

另外，中国古代社会健全的人格规范可以概括为"仁、义、礼、智、信"五个字，所以中国古代社会处理人际关系、治理国家的基本理念即为"仁义"的观念。最早在夏商西周时期，就有关于它们的记载。孟子最初提出了"仁、义、礼、智"，到西汉时期董仲舒扩充了"信"，后称"五常"。[①] 关于五常各自所蕴含的基本内涵，有多位学者进行过深入研究，综合他们的阐释，可以将"仁"理解为人所具有的一种良好的德性，"仁爱"、"亲仁"等；"义"指人的行为要与一定的准则相适应，"义以为质"、"道义"等；"礼"可指行为准则与规范，"礼仪"、"礼节"等，也可以指恭敬的态度或行为，"彬彬有礼"；"智"即智慧，具有明辨是非的能力，"智者"；"信"即诚实不欺，"讲信修睦"。"仁义礼智信"是儒家的核心思想。儒家作为中国文化的重要部分，蕴含了仁爱之心、诚实守信、礼貌待人、为人正直等人生智慧，在处理人际关系、培养人民社会责任感等方面起到了重要作用。

3.1.3 中国特色社会主义文化

从保存和保护文化多样性角度看，"越是民族的就越是世界的"。但从文化的

---

① 刘余莉."仁义礼智信"研究三十年 [J]. 河南社会科学，2010, 18 (01): 187-190.

国际竞争来说，除了考虑民族性外，更应考虑文化承载的价值观的普适性、先进性和时代性，毕竟，文化的对外传播不等于一般的商品出口。当前，我国正在大力提倡和践行建设中国特色社会主义的共同理想，以爱国主义为核心的民族精神和以改革创新为特征的时代精神，社会主义荣辱观为主要内容的社会主义当代文化和以富强、民主、文明、和谐、自由、平等、公正、法治、爱国、敬业、诚信、友善为基本价值的社会主义核心价值观。中华文化具有天然的优越性，我们必须大力提倡和传播。

新中国成立特别是改革开放以来，中国共产党领导中国人民进行社会主义革命和建设的伟大实践中，积淀下了许多具有世界意义的思想文化理论和价值观念。

一是和谐思想与和平外交政策。新中国成立以来，我国一直坚持和平外交政策，不结盟，不干涉他国内政，与世界各国友好相处。和平与发展是当今世界的两大主流，在当前国际冲突此起彼伏的背景下，中国的和平外交思想无疑为他国处理国际事务提供了一个可行的样本。世界需要和平，武力解决不了一切，唯有对话交流才能达成彼此间的谅解和合作。在当今世界霸权主义横行、各种冲突纷争不断上演的背景下，和平外交思想更具有特殊的现实意义。

二是改革开放的思想理论。自1978年中国实行改革开放以来，改革开放40多年的生动实践表明，我们不仅创造了人类发展史上的奇迹，而且为当今世界解决经济社会发展难题提供了丰富的宝贵思想。我国改革开放是"民本"思想的生动实践，改革开放的目的是为了最大限度地提高人民的生活水平，这一点我们做到了；改革开放的依靠力量是人民，正是亿万人民积极性、创造性的发挥，才铸就了我国40多年的辉煌，我国的国运从未如今日之昌盛。我国改革开放是渐进性的，用改革开放总设计师邓小平的话来说是"摸着石头过河"，允许试、允许闯，出经验了就推广，错了就改回来，这正是辩证唯物主义认识论"实践出真知"的生动诠释。这种渐进性还体现在目标取向、操作层次上的稳步推进性，先从农村再到城市，先从经济领域再到社会、政治、文化领域，由表及里、由浅入深稳步推进，大大降低了改革的风险。

三是反贫困理论与实践。反贫困是人类永恒的命题。中国特色反贫困理论充分展现了社会主义的制度优势,我们用短短 40 年时间就使几亿多的绝对贫困人口摆脱了贫困,使全体人民过上了总体小康的生活,并稳步地向全面小康迈进。在反贫困的实践中,我们摸索出了"输血"与"造血"相结合而重在"造血",政府主导与农民主体相结合而以农民为主,市场运作、社会联动、项目推动以及"异地脱贫"、"产业脱贫"、"下山脱贫"等鲜活的反贫困经验,为人类反贫困贡献了宝贵的思想财富,非洲不少不发达国家纷纷以中国为样本,展开了反贫困实践。凡此种种,都是我们可以引以为自豪,并值得向全世界大力传播的现代思想文化、价值观念。

3.2 中华文化对外传播主体

中华文化对外传播首先是深受传播主体的影响。传播主体(传播者)是整个文化传播过程的起始点,也是传播得以形成的前提。传播主体不但掌握着传播工具和手段,而且决定传播内容的取舍选择和策略,作为传播过程的控制者发挥着主动作用,是最具有主体性和能动性的"把关人"。党的十八届三中全会明确指出:"提高文化的对外开放水平,坚持政府主导、企业主体、市场运作、社会参与,扩大对外文化交流,加强国际传播能力和对外话语体系建设,支持重点媒体面向国内国际发展。培育外向型文化企业,支持文化企业到境外开拓市场。鼓励民间社会组织参与对外文化交流项目"。可见,我国实施文化对外传播,是一个系统性工程,不仅需要依靠政府的组织,还需要调动企业、社会组织和民间个人等一切力量,调动各方面的积极性,形成文化走向世界过程中政府、企业、民间组织、个人等多主体共同参与的新格局。

根据传播学的理论,学术界有关国际传播主体的界定一般分为三类:一是国家主体说,国内外学者普遍认为,"在通过大众媒介的国际传播活动中,国家政府组织是主要的信息发出者之一";二是多元主体说,"国际传播是指跨越两个或两个以上国家,或不同文化体系间的信息交流,信息交流是指个人、团体、政府通过各种手段转移信息及数据","国际传播是一个调查和研究个人、群体、政府

（利用）技术（如何）传递价值观、观念、意见和信息的领域"；三是无主体表述，这类界定侧重于对国际传播现象的描述。

总之，文化对外传播是一种综合性的系统工程，涉及各类社会主体，只有充分调动各个主体的积极性，建立合理的联动机制和合作关系，才能形成推动中华文化走向世界的合力。所以必须坚持政府主导、企业主体、市场运作、社会参与的文化走向世界的主体构架，积极采用和完善对外文化交流、对外文化传播、对外文化贸易的文化走出去方式。

3.2.1 政府

政府的概念按照其职能划分，可以分为广义和狭义。一般意义上讲，广义政府指行使国家权力的全部机关，主要包括国家立法机关、国家司法机关和国家行政机关，其中立法机关负责制定法律，行政机关负责执行法律，司法机关负责运用法律审判案件。狭义的政府仅仅指国家的行政机关，即根据宪法和法律组建的、正是行政权力、执行行政职能、推行政务、管理国家公共事务的机关体系，是国家权力机关的执行机关。[①] 可以看出，广义的政府即国家，而狭义上的政府则从属于国家。本章节所谈论的作为政府形象的传播主体，既包括其广义上的政府形象，也包括狭义上的。

推动中华文化对外传播，必须充分发挥政府的引领作用。政府与其他传播主体的最大区别在于政府有最高的权威性。因此，政府应该强化意识，整合多方力量，挖掘中华优秀文化。中华文化对外传播，政府理应肩负重要使命。对于中国而言，政府能够通过对外传播中华优秀文化，塑造国家形象、提升文化软实力、服务国家利益，为满足社会需求，向社会提供公共物品和服务，实际上属于公共外交。全球化新形势下的公共外交应更为注重和发挥政府的主导作用，以文化视角下的政府形象，大力弘扬中华民族优秀文化，将中华文化资源有序、有效传播出去，传承中华民族的精神气概，营造与民同乐的和平环境和积极向上的氛围。对于正在和平崛起的中国，政府应该强化意识，整合多方力量，挖掘中华优秀文

---

① 刘光容.政府协同治理：机制、实施与效率分析［D］.上海：华中师范大学，2008.

化，有策略地实施中华文化对外传播，把中华文化作为重要内容，甚至可以是作为先锋。就行为主体而言，可以由政府直接组织实施，如我们的文化对外宣传政策、活动规划、文化遗产保护、文化产业发展等。在实际过程中，社会组织如孔子学院、海外文化中心等可起到重要的传播作用。

3.2.2 社会组织

社会组织，简单来说就是除官方机构以外的民间社会组织和团体的统称。社会团体作为非政府组织，在传播中华文化的过程中可以发挥独特的作用，相对于官方机构和组织的对外文化传播，民间社会组织和团体有其自身的独特优势，因为没有官方色彩，所以不会被国外受众，特别是西方受众质疑和排斥，更容易被接受。非政府组织及其所从事和开展的活动成为文化交流的重要途径之一，非政府组织因其非营利性、公益性和志愿性等特点，通过慈善事业、扶贫项目、环保事业、教育培训等形式，在文化交流过程中对促进经济、社会的发展有重要作用。由于非政府组织的特殊优势，在推动中华文化对外传播过程中发挥着非常重要的作用。

在切实有效的对外传播方面，如何发挥社会组织的力量显得十分必要。中华文化对外传播仅靠政府之力未必能达到最好效果。政府的财政能力、社会动员能力是有限的，它的决策也未必明智，它采取的措施也可能不合时宜，甚至可能缺乏意愿。因此，除了发挥政府的力量，还必须充分发挥社会的力量。在社会力量中，中国各类文化协会、文化学会、文化产业协会等社会组织，在中华文化对外传播中具有举足轻重的作用。据不完全统计，中国各类文化社会组织有很多，连结着成千上万的企业、单位和个体。2013年成立的中国文化产业协会就是经过国务院批准、民政部登记的全国性社会团体，会员多达110家知名单位，如深圳滕讯科技公司、深圳保利文化发展有限公司等，企业涉及文化旅游、动漫手游、文化手办等多个文化领域，极大地推动了中华文化创新性发展。因此，在切实有效的文化对外传播方面，如何发挥文化社会组织力量，就显得十分必要。中华文化社会组织应该更具开放的思想，积极配合和支持政府，更为主动地在中华文化对外传播中发挥更大的作用。

3.2.3 企业

企业是推动中华文化对外传播的中坚力量，由于文化企业的专业性，所以在实施对外文化传播过程中，其传播效益和效果往往高于其他实施主体。推动中华文化走向世界，政府是主导，文化企业是主体。文化企业承担着中国文化对外传播的重要任务，尤其是在提高中华文化产品和文化服务的国际影响力方面有着不可替代的重要作用。比如俏佳人传媒是国内文化企业走向世界的成功榜样，俏佳人传媒于2009年7月并购美国国际卫视，成立了"美国ICN电视联播网"，ICN电视联播网覆盖洛杉矶、纽约、旧金山、休斯顿、西雅图、奥斯汀、达拉斯以及加拿大温哥华、多伦多。中、英文全频道每周七天，每天二十四小时播出实时新闻、娱乐综艺、强档戏剧、教育文化、时事座谈、理财投资等节目，通过卫星、无线、有线、网络、手机五种介质同时传播，无线及有线电视直接可收视人群达1亿以上，卫星电视覆盖全北美，网络播出及手机台使全球网民和手机用户均可直接收看。俏佳人传媒是我国第一个进入美国公共收视平台的文化传媒企业，在我国对外文化传播史上有着里程碑意义。

企业是中华文化对外传播不可或缺的重要传播主体。文化凝结和附着于文化商品之中，商贸从古至今就是文化传播的主要途径，因此作为商贸活动主要参与者的企业，是中华文化对外传播不可或缺的重要传播主体。在经济、文化全球化背景下，中华文化要"走出去"，企业应当成为主力军。中华文化"走出去"必须要鼓励企业、鼓励企业家开拓国际市场，最主要和关键的形式还是在市场上有一大批适应各国消费者的需求，广被接受的文化产品和服务，这样才能真正让更多的人对中国的文化产生兴趣，对中华文化的了解更加客观、真实、全面，这样中华文化才能更为广泛传播。由此，在推动中华文化走向世界过程中，政府应提高对文化企业的支持力度，充分发挥各层次民营文化企业在各个方面的优势，给予其政策、财力、信息、服务等全方位的支持，帮助其做大做强，将其培育成为推动中华文化走向世界的重要力量。

3.2.4 个人

人际传播是社会生活中最直观常见和丰富的传播现象。对于中华文化的对外传播个人而言，可以分为三类：一是文化届和学届知识分子；二是普通民众；三是海外华人。

一个国家文化的对外传播，文化届和学届知识分子（文人和学者）担负着既特殊，又重要的角色，我国文化届和学届知识分子（文人和学者）在推动中华文化对外传播的过程中同样有着特殊的意义。文人利用自己优秀的文化创作推动中华文化走出国门，与其他国家文化交流互动。其中，尤为显著的是中国文化小说在对外文化交流中取得的成绩。《狼图腾》是较早成功走向世界的中国文化小说，其首次出版于 2004 年，凭借其独特的题材和奇特的故事，在世界范围内吸引了大量读者，并获得了一致好评，连续成为占据各大书店销售量榜首，翻译成 30 多种译本，并拍摄成为影视剧作，在海外市场上受到一致好评。据国外知名的书评类网站统计，2022 年深受国外读者喜欢的中国文化小说的前八位分别是《孙子兵法》《道德经》《三体》《喜福会》《巴尔扎克和小裁缝》《雪花秘扇》《论语》《红楼梦》。在国外读者的眼中，《孙子兵法》更像是东方哲学的圣经，美国曾将孔子推举为十大思想家之首，西方著名评论家安东尼·威斯特称："《红楼梦》是世界文学中最伟大的小说之一，对中国人来说，其地位就如同普鲁斯特之于法国，或卡拉马佐夫兄弟之于俄罗斯。"普通群众在文化对外传播过程中，同样起着重要作用，通过个人的文化素养形象，展现出中国的文化形象，结合自己擅长的剪纸、唱戏、制作美食、中国画、品尝、说书等领域，运用自媒体视频制作手段，在网络上吸引国外民众了解中国文化，学习中华传统优秀文化内涵。海外华人在对外文化传播过程中的作用不容忽视，他们每年都会组织一些民间活动，邀请当地民众一起参加，如迎新春、写春联、穿汉服、唱中文歌曲、尝中国美食等，以喜闻乐见的方式吸引众多当地民众参与民间活动之中。

此外，中国每年都会举办大型的对外文化交流活动，许多学者能够利用国际学术交流的机会，积极推动中国文化走向世界。在世界中国学大会上，以"全球视野下的中华文明与中国道路"为主题，近 60 个国家 400 多名与会人员共同学习中国文化发展的奥秘。"21 世纪中华文化世界论坛"国际研讨会的举办，让西方详细地了解到了中华文化的价值和意义。泰国格乐大学举办了以"中华文化海外传播与影响力"为主题的"文化与文明论坛"，会场上多名专家学者围绕中国文化发展缘起、中国文化发展与传播等方面进行畅谈,促进了中国文化走向世界。因此,我们要鼓励文人积极创作高质量文化作品,并助其走出国门;同时也要鼓励国内专家、学者参加各种国际学术会议,开展国际间的交流与合作,架构文化沟通的桥梁,努力在高端学术上拥有文化阐释权和话语权,让中国的文化诉求得到全世界的理解和认同。

公民面对面地交流在人类文明的早期就一直存在着。在文化全球化的今天,随着国际关系民主化进程的发展,公民个人参与国际事务的机会和能力大为增多,对世界事务的影响也越来越大。从参与的人员上看,参与文化交流的不但有社会精英,还有普通大众;从交流的途径来看不仅有海外留学、访学、学术交流,而且可以通过国外旅游、参加国际运动会等方式实现文化间的流通。

此外,公民个人还可以通过网络发布文化信息、互通文化有无,实现不同文化间的交流,通过建立如中国孔子网等官方网站,对儒家思想进行讲解和宣传,利用传统文化数据库进行传播,开发与中华文化有关的网络游戏,展现中华文化独特内涵。在全球经济文化一体化的今天,越来越多的各层次的普通民众参与到国家对外交流的潮流中来,在民间的文化、艺术和体育交流中,随处都可以见到他们活跃的身影。普通民众已发展成为日益重要的国际文化传播交流的文化力量。因此,公民要积极提高自身的文化素养和文化传播能力,在网络技术快速发展的时代,遵守网络空间的秩序,营造良好的网络文化环境,运用创新手段,传播出既通俗易懂、又不失中国优秀传统文化本质的创新型文化元素。

历史上周边国家的僧侣、使节和留学生大量来中国学习文化,同时也将中华文化传播到了相应的国家和地区。比如朝鲜和日本,因为地理位置的关系,从唐朝开始与我国往来频繁,大批的僧人、遣唐使将中华文化带回国,对中华文化的传播作出了积极贡献。例如,中国人身上或多或少都保留着品茶的习惯,有着茶文化的印迹,无论身在何处,都是中华文化的重要传播者。当今海外华人数量已近5000万,遍布世界各地,连拉丁美洲、非洲和中东等中国移民鲜至的地区,也出现了华侨华人聚居区。2012年一项题为《中国侨资企业发展年度报告2010-2011》的研究报告指出,华人聚居都会区,在北美逾50万华人的都会就有纽约、旧金山、洛杉矶、多伦多、温哥华等地。东南亚则形成华人百万以上的聚居都会区，如新加坡、吉隆坡、曼谷、雅加达等。中国海外移民大多来自福建、广东等中国沿海，而这正是中华文化对外输出最为盛行的区域之一，在中国人移民海外后就将中华文化带到了不同国家或地区，大大促进了中华文化在世界各地的广泛传播和发展。

3.3 中华文化对外传播媒介

在政治与经济的交流合作需要文化的强力支撑的时代，要扩大、增强一国文化的国际辐射力、影响力，仅仅依靠富有世界感召力、亲和力的先进文化是不够的，还需要一定的投送技巧和传播载体。传播力决定影响力、传播力的强弱取决于传播载体的建设，中国要在国际舞台上弘扬中华优秀文化，大力推动中华文化走向世界，必须依仗形式多样、方法丰富的文化交流手段，开拓和加强多渠道、全方位、有效果的对外文化交流与合作载体。中华文化对外传播必须借助一定的传播媒介。传播媒介或称"传媒"、"媒体"，从狭义上讲，传播媒介指的就是书籍报刊、多媒体、互联网等实体物质或者技术手段，从广义上讲，传播媒介指的应当是能够使传播内容与受众建立关联、产生互动的一切人、事、物和技术。麦克卢汉认为，媒介延伸了人类传播和接收信息的能力，必然对文化产生影响。事实上，传播媒介就是中华文化形成和发展不可缺少的组成部分。传播形式的多样性就决定了传播媒介的多样性，中华文化对外传播主要媒介有瓷器、绘画、包装等展示中华文化的实物形象媒介，书籍、报刊、杂志等印刷媒介，广播、电视、电影等电子媒介，以及在现代传媒中占据越来越重要的位置，利用数字技术、网络技术的新媒体。运用好不同的文化传播媒介，可以实现大范围、高质量的文化对外交流，促进中外文明互鉴，弘扬全世界价值观。

3.3.1 实物形象

实物形像媒介从古至今都在中华文化对外传播中发挥作用，一定程度上能够跨越语言、文化的障碍。中华文化实物形象媒介种类多样，有与文化产业紧密联系的包装、器具等，也有与文化相关的瓷器、绘画、工艺品、服饰等。这些实物形象既是中华文化的传播媒介，更成为中华文化的重要组成。在历史上，各类精美的陶瓷器具沿着丝绸之路传到西方，令西方人交口称赞、心驰神往。这些精美的陶瓷器具，不仅仅是日常生活中的器具，同样是美轮美奂的艺术品，它跨越时空、跨越语言文化，让西方人在这些陶瓷器具中或多或少领略到中华文化的魅力，大大推动了中华文化在西方的传播。人类服饰可以说是人类文化最早的物化形式，[1]体现着"天人合一"的审美观。从服饰的质料上看，早期的中国服饰以植物纤维和丝绸为主，后期发展为以阎麻丝帛为主，不仅体现出了人与自然的亲密和融合感，也达到了服饰舒适的目的。中国绘画同样历史悠久，其风格主要是"以形写神"，无论是人物、山水画还是年画、壁画，其绘画的内容都蕴含着中华民族五千年的历史文化，最具历史性的如顾恺之的《洛神赋图》《女史箴图》，阎立本的《历代帝王图》《步辇图》等。

今天，各类精美的中国商品包装依然是中华文化的重要展现，能够让海外受众克服语言、文化的障碍直接去感受中华文化的美。包装设计一般是运用设计学和文学原理对商品进行造型设计，以达到美化目的。比如中国红"天圆地方"瓷器茶叶盒罐，就在海外引起了强烈的反响，同时也很好地诠释着中华文化。"天圆地方"本是指古代的一种天体观，因为当时人们对天体的认知不足，认为天似华盖、地为棋盘，这一观念后来被广泛运用于建筑物的设计里，如天坛、四合院等。茶叶罐运用这一包装理念沿承了中国传统建筑的文化设计理念，体现出了中国智慧。

发展文化产业是提升国家软实力的战略制高点。有些学者甚至认为，"在21世纪，国与国之间的胜负决定于文化产业。"对于我国来说，文化产业发展既能满足人民群众精神文化生活的需求，又能创造良好的经济社会效益，还是增强国家文化软实力、扩大中华文化影响力的重要手段。提升我国文化的国际竞争力，不仅要积极发展、壮大我国的文化产业，而且还要不断扩展产业国际化发展的空间，通过走国际化发展道路，为中国文化走出去创造机会。一是建设海外文化产

---

[1] 林少雄.中国服饰文化的深层意蕴[J].复旦学报，1997（03）：62-68+110.

业集聚区。也可借鉴类似经贸合作区、工业园的成功模式，直接在海外建立文化产业基地。二是发展外向型文化企业。如厦门推出的国际图书版权超市、多元文化运营项目、多款文化手游等，成为国家对外交流和文化贸易的重要区域。国家要实行积极的外贸和财政政策，鼓励、扶持文化咨询、演艺、影视制作等机构和企业走出国门，加强与境外媒体的交流与合作。通过到海外设立分公司或办事机构等方式，寻求国际化发展。支持重点主流媒体在海外设立分支机构，支持其做大做强。所谓文化贸易，就是指国际贸易中与某种知识产权有关的文化产品和文化服务的贸易活动。在当今世界，一个国家的对外文化贸易既是"输出文化"的有效手段和工具，又是一国扩大民族影响、提升国际地位的主要手段。所以世界许多国家都积极发展文化贸易，力图通过文化产品的国际贸易与往来将自身蕴含的价值观念、文化传统展示给世界，以增强国家文化软实力，提升自己的文化影响力。推动中华文化通过商业形式走向世界市场，是推进中国文化走向世界的重要战略举措。

通过经贸合作促进国际文化交流。中国要借助经贸合作带动文化交流与传播，一是要不断提升传统制造业的文化内涵，将"中国制造"提升为"中国创造"，转变制造方式，调整制造结构，投入科技力量，用制造业的出口来拉动中国文化出口，将文化内涵的制造业发展升级为我国制造业的新优势。二是以中华文化中为外国受众熟知的文化符号，比如文字、书法、绘画、武术、瓷器等作为传播媒介，向国外民众传播中华文化。三是以中国饮食文化、中医药、茶叶、服装为媒介，弘扬中国各地方的饮食文化特色，结合中医药的食谱，有益地推动中华产品出口。四是要充分利用"友好省州""姊妹城市"等对外关系的重要平台和渠道，在双方的经贸合作与交流中传播、推介中华文化。

另外，由于文化差异和文化认知程度的不同，受众对他国文化产品的接受程度是截然不同的。所以，还要对国际文化细分市场的充分认识和把握，切实做到有的放矢，以减少文化折扣，提高文化交流的效果。在对外文化贸易过程中，中国要根据自身的优势和国外市场的消费特点，优先选择文化相似度高、贸易折扣度较低的文化产品作为中国文化出口的主打产品，参与国际文化市场的竞争。实物形象可以成为中华文化对外传播和对外文化交流的有效载体。

实物形象媒介在跨文化传播中在一定程度上能够跨越语言、文化障碍。同时因为中华文化注重过程的体验、精神的享受，而实物形象媒介恰好能够提供一定的切身体验，因此在传播中华文化过程中，实物形象媒介就有其优势。在现代中华文化对外传播中，我们应该更为积极地发挥实物形象媒介的作用。比如中国各大茶企要更为积极地重视茶叶包装的设计，改变传统的简易包装，积极满足受众的需求，提供更为精美的茶叶包装，不断提升茶叶包装的文化内涵。中国茶企应该积极走出国门，在海外适当开办更多的茶叶实体店，让更多的海外受众去感受和体验。而对于茶具、茶工艺品、茶服饰等，我们要积极融入茶文化内涵，以受众喜爱、接受的表现手法和方式，出真正的精品和艺术品，让受众去感受中华文化之魅力。

3.3.2 书籍报刊

书籍报刊等传统媒介的传播具有良好的稳定性、规模性和品牌效应。以书籍报刊为代表的印刷媒介，曾经巨大地推动了人类社会的进步，也大幅提升了中华文化对外传播的效率和效果。就中国古代印刷术而言，欧洲学者认为印刷术推动了思想的广泛传播，是文艺复兴、宗教改革运动和资本主义兴起的必要先驱。到工业革命发明了机械印刷机，催生了廉价报刊，使图书出版成本大幅降低，也拉开了现代大众传媒的序幕。而进入 21 世纪后，因电子媒介、网络媒介等巨大冲击，传统的图书、报刊、杂志等印刷媒介的作用正在日渐减弱。但在今天全球化背景下，积极推进中华文化对外传播，传统印刷媒介仍然不可缺少。首先，纸面的文字仍然是最直接可靠的方式，受众可以任意在图书、报纸、杂志上去获取内容，直观的方式有利于加强受众对中华文化的认识，有利于受众反复研读以加深对中华文化的理解，有形的载体有利于传阅、传播。其次，传统传播媒介拥有国家政策层面上的优先支持，而且已经形成了稳固的组织机构与信息网络，能够以一定的规模进行推广；再次，传统的传播媒介已经形成了品牌效应，如中华文化经典读本有不同版本的外文译本，而这些译本已被相当一部分外国人所熟悉、接受。因此，中华文化对外传播必须充分利用传统印刷媒介。

但是目前传统的书籍报刊在中华文化对外传播过程中存在一些的不足。一方面是中华文化印刷品大量生产，但高质量、经典的仍需加强；另一方面我们的印刷品多以是以汉语言文字系统呈现的，英文版或其他语言版的中华文化印刷品比较少，这在一定程度上对中华文化跨文化传播影响很大。因此国内应该认真整理和挖掘中华文化的精华，多出版高质量的中华文化印刷作品，积极主动去认识和适应海外受众的区域文化，大力尝试将中华文化知识翻译成海外受众易于读懂、接受的形式，真正讲好中国故事，让中国文化知识走向世界舞台。

3.3.3 广播影视

无论是传播的广度还是深度，广播影视一直都是最高效、最具有影响力的媒介。进入21世纪，运用电子技术、电子技术设备及其产品进行信息传播的电子媒介飞速发展，其中最主要的电子媒介就是广播、电影、电视。无论从传播的广度，还是深度，广播影视一度都是最高效、最有影响力的传播媒介。以广播影视为代表的电子媒介给人类传播带来的变革并不单是空间距离与速度上的突破，从整个人类信息发展角度而言，电子媒介是有着里程碑意义的。随着摄影、录音和录像技术的进步，人类不但实现了声音和影像信息的大量复制和大量传播，而且实现了它们的历史保存。今天考察古代社会时，我们只能根据文字记录或考古发现进行想象和推测，而当千百年后的人们来看当今这个时代时，他们可直接聆听和观察我们的音容笑貌。这就使人类文化的传承内容变得更加丰富，让感觉更加直观，依据也更加可靠。总而言之，广播影视等让人类的知识经验积累和文化传承效率与质量产生了新的飞跃，也让中华文化传播进入一个崭新的局面。

影视业的发展为中华文化对外发展传递了新故事。中华文化对外传播在利用和使用广播影视方面起步比较晚，直到2000年后才取得了不错的进步。这段时期，涌现了一批反映和宣传中华文化的优秀影视作品，如在茶文化领域中，电影《茶色生香》《茶恋》《山里山外》《红茶镇》等，电视剧《铁观音传奇》《第一茶庄》《菊花醉》《茶颂》等[1]。同时也出现了茶文化纪实电影和纪录片，如《南方嘉木》《茶》《中华茶文化》等。中央电视台和各地方电视台开始报道和宣

---

[1] 朱菁菁. 影视剧中的茶文化 [J]. 青年文学家，2015 (29)：99-100.

传茶文化。国内一些频道开播了茶文化专栏，如广西电视台的《茶礼天下》，2013年湖南还开办了中国首家茶叶专业频道——茶频道。同时众多企业也不再只是埋头做茶、卖茶，也开始注意利用广播、电视、电影加强中华文化的宣传与传播，面世了一批茶文化宣传片。总体上，这段时期广播影视对中华文化关注的热度不断提升，宣传的力度不断加大。但是很明显还有很大的努力空间，期待更多的关于中华文化的优秀影视作品面世，让海外受众能够看得懂，真正了解和喜欢上中华文化。

3.3.4 新媒体

新媒体具有传统媒介无法比拟的优势，不受印刷、运输、发行等因素的限制。进入21世纪，新媒体技术发展迅速，给现代传播带来了革命性的改变，日益成为人们的生活必需品，也让文化传播朝向更加多元化的方向转变。新媒体是相对于报刊、广播、电视等传统媒体而发展起来的新的媒体形态，为文化平台提供了更多手段，一般包括网络媒体、手机媒体、数字电视等[①]。新媒体是利用网络技术、数字技术，通过互联网、局域网、无线通信网、卫星通信等渠道，以及电脑、手机、数字电视机等终端设备，向用户提供信息和娱乐服务的传播形态，因而新媒体又称为数字化新媒体。[②]

约瑟夫·奈在《软力量：世界政坛成功之道》一书中，将大众传媒（或大众传播）看作是"软实力"的一项必要组成。文化的传播与扩散，必然需要依赖一定的传播媒介，而其中最主要是当属新媒体。在当今信息化背景下，国际上任何一个国家文化软实力、文化影响力的提升越来越离不开媒介的作用，传播媒介的宣传功能在文化对外传播过程中有营造良好舆论氛围的作用，同时，新媒体是对外文化传播的天然最佳载体，甚至有些新媒体本身就是文化对外传播的内容。随着科学技术的发展，大众传媒的传播手段也在不断地改进，从传播手段角度分析，麦克卢汉认为，迄今为止，文化传播的发展大致可分为三个阶段：分别是口语文化阶段、书籍文化或印刷阶段、现代电子媒介阶段。在最初的口语文化

---

① 蔡崇敏，姚军元. 浅析"新媒体"的主要形式及发展现状 [J]. 西江月，2012 (5)：174.
② 丁晓艳. 谈新媒体时代新闻编辑的媒介素养 [J]. 科学与财富，2018 (6)：173-174.

阶段，以口口相传的形式传播文化虽深化了人类对于文化的认知，但因空间受限、传播范围小，时间受限，不易记录保存等原因，传播效果较差。在第二阶段，人类开始以书面文字记录文化的发展与变迁，很大程度上打破了口语相传的时间和空间的受限问题，也为人类文化的传承提高了真实的依据，人类开始有大批量印刷生产的意识，扩大了文化传播的范围和效率，推动了文化产业的发展。在第三阶段里，电子信息技术的运用，增加了音频和视频手段，让文化传播的内容生动易懂，以动态式的效果吸引人们的注意。同时，传播的速度更快、方式更为便捷，效果最好。

实际上，每个发展阶段、每种传播媒介的出现和普及都推动了人类文化的传承和文化信息的传播，促进了人类社会文明的进步，特别是被称作"自由的信息超级市场"互联网，因其发展超越了时间和空间的限制，突破了信息承载的时空界限，实现了信息制造和传播的瞬间化，再现了信息传递的多维立体感，在二十世纪九十年代以来，新媒体已经成为文化传播、文化交流、受众接受文化和信息的主要渠道，更是文化对外传播过程中的主力军。互联网等多媒体技术成为文化交流和传播的主要途径，以互联网为基础和代表的新兴媒体，在文化传播中越来越扮演重要角色。

新媒体具有传统媒介无法比拟的优势，以其数字化、即时性、速度快、容量大、覆盖广、开放性、综合性、多媒体交互式性等改变了整个世界。新媒体的信息传播是双向甚至是多向的，互动性强，作为信息传播媒介，新媒体传播过程中的传播者和受众不仅完全处于对等的地位，而且可以互换位置，即受众可以成为信息的传播者，传播者也可以成为信息的接收者；新媒体的信息量巨大，它兼容了文字、图片、声音、动画、影像等多种传播手段，如保存、表现、发送信息等，这些手段使信息传播实现了地域上的全球覆盖，实现了时间上的历史覆盖，实现了信息存储质的多元化，也实现了各种传播形式的综合。同时，新媒体即时性高，信息可在瞬间到达世界上任何地方，受众可以在第一时间了解世界各个角落所发生的一些最新动态。另外，得益于技术带来的优势，新媒体可以不受印刷、运输、发行等因素的限制，受众可以依据个人需求选择利用各种检索工具、选择信息接收的时间地点以及媒介的表现形式等，在很大程度上，提高了文化对外传播的速度和效率。

新媒体为中华文化对外发展传递了新视角，所以，充分运用好新媒体，必将前所未有地推动中华文化向世界传播。当前，很多中国茶企纷纷建立起自己的官网，开始系统宣传产品和茶文化推广。也有一批企业和个人开始有意识的利用微博、微信作中华文化推广。但总体上与国外茶企差距明显，如新加坡、印度等国很多茶企都建立了一流的英文官网，并注重利用 Facebook、Twitter 等社交平台进行推广，极大地推动了茶叶贸易，而国内大部分茶企连基本的英文官网都成缺失状态。因此，中国政府、社会组织、企业、研究机构、个人等传播者应该静下心来，认真去研究新媒体的运用。认真建设一批高质量的英文官网，有意识、有策略地利用国内博客、微博、微信、聊天室、购物等平台，在国外 Facebook、Twitter 等社交网络中，采取多种方式宣传和推广中华优秀传统文化，普及中国文化知识，展现中国精神。

3.4 中华文化对外传播受众

传播学理论认为，传播的过程实质上是一个由传播主体（传播者）运用共同享有的符号、系统、媒体（媒介），将信息传递给传播受众（传播客体、传播对象），并接受其反馈的过程。传播受众即是信息接受者（信息传播的对象），信息只有被接收者接受才是完成传播者与接收者之间的信息共享与沟通"传通"的过程。因此，对传播受众的研究，应先确定谁是接受信息的对象，再区分信息接受对象的个体差异。一般来说，信息接收者是指接收到信息的主体，也可以是个人、群体、组织或国家。

文化对外传播的效果是建立在对受众对象的了解、适应的基础上的，所以，在中华文化向世界传播的过程中，必须分析传播对象、尊重传播对象、适应传播对象，分析传播对象所处的文化环境，分析传播对象之间的差异，针对不同的传播对象，采取不同的传播策略，以适应、满足他们的文化接受习惯，提升我们对外文化传播的效果。

受众（对象）是指接受信息传播的人群。受众是传播整个过程存在的前提和条件，是信息的"目的地"，也是传播者积极主动的接近者和反馈者。中华文化对外传播受众，指的是通过各种渠道介入到传播过程中，成为接触媒介和使用、接受中国文化信息的海外人群。中华文化对外传播受众人数众多，分布非常广泛。要使中华文化在世界范围内更为有效地传播，就必须了解受众的实际状况，尤其是作为跨文化的中华文化传播，受众的文化特征和差异是最为重要的考察因素。

3.4.1 客体属性与分类

中华文化在世界各地广泛传播，受众群体庞大而千差万别，对中华文化的认同和接受存在明显差异，成为中华文化对外传播差异的主要因素之一。受众群体的差异性，体现在诸多方面，主要包括：受众国家与文化的差异，比如日本、韩国、蒙古国等对中华文化接受度更高；受众性别、年龄、文化程度、职业的差异。比如对欧美国家公众进行调查，可以更清楚地了解西方公众对中华文化的认识，更有利于推动中华文化传播；受众人际关系网络的差异，如上层精英群体普遍更具影响力，他们的行为、意见和观点会影响更多的人；受众群体归属关系的差异，比如海外华人常成为中华文化的直接传播者；受众个体经历、经验、人格、性格等差异，比如熟悉汉语的人群，或经常接触中国文化的人群就更易于接受中华文化。个体的兴趣、感情、态度和看法，无疑也是有重要的影响。

根据现代传播学理论，受众的文化差异是影响跨文化传播最为主要的因素。在现实的中华文化对外传播中，我们可以看到，因文化差异，中华文化对外传播受众比较明显呈现为两大类，一类即东方文化圈受众，因历史、经济、文化因素，中华文化在此类受众群体中影响更大、接受度更高。另一类即西方文化圈受众，文化的较大差异，造成中华文化在此类受众群体中影响相对较小。

3.4.2 东方文化圈客体的文化共通性

东方文化圈实际上存在着汉字文化圈、佛教文化圈和游牧文化圈三个亚文化圈层。由中国这个文化中心的强力作用，通过不同的亚文化圈层，覆盖亚洲主要地区。东方文化圈是个相对的概念,主要是指亚洲地区,因具有相同文化特征,或包含相同文化要素的区域。东方文化圈情况复杂,实际上存在着汉字文化圈、佛教文化圈和游牧文化圈三个亚文化圈层,彼此影响、并有重叠。而事实上由三个亚文化圈层结合而成的东方文化圈,主要是由中国这个高文化中心强力作用的结果,通过不同的亚文化圈层,覆盖亚洲主要地区。[1] 也正是源于东方文化圈受众的文化共通性,即与中国文化的关联性,中华文化在东方文化圈中广为传播,东方文化圈受众也成为中华文化海外传播对象数量最大的群体,也是接受度最高的人群。

首先,东亚的日本、韩国和朝鲜,他们受到中国文化的影响是全面的、深刻的。这其中包括儒学、道教、佛教、文学艺术、科技甚至生活习俗,究其主要原因,恐怕与使用汉字有极大关系。正因为没有文字的障碍,中国的各种典章制度被大量输入,学术文化蓬勃发展,源自中国文化的丰富内容和体系也被渐次移植于此,包括姓氏、书法、文学、围棋、国画、雕塑、乐舞、中医等文化内容,以及农耕种植、纺织、铸铁、治水、土木建筑、制陶、烧瓷等技术,它们了解和学习中国文化自然方便、深入、全面,这便是通常所说的汉字文化圈。也正如此,中华文化在日本、韩国、朝鲜深入传播,受众广泛,接受度高。汉字文化圈还包括东南亚的越南、北亚的蒙古国,这两国也是中华文化影响深远的地区。

其次,东南亚诸国因其特殊的历史和地理原因,与中国在文化上有诸多的"亲缘关系"。长期发展起来的水陆交通,包括南方丝绸之路、南洋海上交通、澜沧江湄公河及现代公路、铁路、海运与航空,把中国西南部与东南亚紧密联结在一起;华人广泛地分布在越南、柬埔寨、老挝、缅甸、泰国、新加坡、马来西亚、印度尼西亚、菲律宾、文莱等十个东南亚国家,大约要占海外华人的70%以上,华人是中国与东南亚各国文化交流的重要桥梁;同时中国与东南亚各国也有着众多的跨境民族,存在着天然的联系,也因为佛教的传播,使得中国与东南亚各国进入了一个共同的文化圈。因而,中华文化在东南亚广泛传播,中华文化受众庞大也就不难理解了。

---

[1] 潘洁敏. 东亚区域的文化共性探析——以日本茶道和谐美的考察为中心 [J]. 东南亚研究, 2009 (2): 77-81.

佛教产生于印度，但七世纪后佛教在印度衰落，佛教中心便转移到了中国，佛教经中国文化改造后形成了"中国化佛教"，其中包括三大语系佛教，即汉语系佛教（汉传佛教）、藏语系佛教（藏传佛教或喇嘛教）、巴利语佛教（小乘佛教）。"中国化佛教"不断向外扩散和传播，汉传佛教传到朝鲜、日本、越南，藏传佛教传播到锡金、尼泊尔、不丹、蒙古等国，而巴利语佛教则与东南亚及斯里兰卡有着诸多联系，并由此构成了一个"佛教文化圈"。中华文化与"中国化佛教"关系十分亲密，随着"中国化佛教"的传播，中华文化在这些地区传播开来，广被接受。

再次，西北、东北和北方的塞外民族是所谓的"游牧行国"，亦与中国有着千丝万缕的联系。这些民族在历史长河中，就与中国有着千丝万缕的联系，他们与中亚的各民族有着广泛、频繁的交往，中国文化通过他们向外不断传播，中亚的文化也通过他们顺利传入中国，这就是所谓的"游牧文化圈"。正因为文化的紧密联系，以及文化商品是该区域经贸活动中的重要商品，因此这些地区的群体也更容易接受中华文化。

3.4.3 西方文化圈受众的文化差异性

中西文化之间最根本的差异主要是体现在价值观和思维方式上。在思维方式上，由于中西方语言体系不同，中国人侧重于"意合"，注重单位词之间的意思连接，而西方人侧重于"形合"，较多使用连接词等手段做到承上启下。在思维运行路线上，中国人是较为迂回，而西方人则为直线型。中华文化在西方传播，西方文化圈受众如何认识和理解中华文化，是影响中华文化对外传播的重要因素。传播中华文化，如果一味把自己认为好的信息呈现出来，而不顾及西方语境下的释读，会令试图传达的信息大打折扣。[①] 因此必须要了解西方受众的文化，特别是与中国文化的差异。西方文化（拉丁文化）是起源、发展、成熟于欧洲区域，伴随着19世纪势力的不断扩张，于20世纪初迅速扩展到了美洲、澳洲和非洲等大片区域并进而深刻影响了全世界。西方文化发展与中华文化一样，也是不

---

① 牛光夏，徐晨. 形象宣传片的传播取向与价值诉求 [J]. 青年记者，2016 (12)：68-70.

断融合、借鉴、吸收的结果，但西方文化在发展与传播的过程中呈现的思路和策略，却与中国文化是截然不同的。中西文化的差异是方方面面的，但两者之间最根本的差异主要还是体现在价值观和思维方式上。

首先，西方文化主张天人相分，人与自然被看成是一种对立的关系；而中国文化的核心思想是"天人合一"，把自己看作自然的一部分。西方文化一贯强调认识自然和征服自然，强调努力探索自然奥秘，积极从自然界获取财富，因此探索自然界的奥秘，积极开发和利用自然资源为人类服务就成了西方文化的主流精神。而中国文化的核心思想是"天人合一"，把自己看作自然的一部分，就是人与大自然要合一，要和平共处，不要讲征服与被征服。同样讲求发现自然奥秘，积极获取生活资料，而中国人的理解却更多的是"靠天吃饭"。道家认为天、地、人三者平等，应主动认识规律，适应自然，如此人才能得到最大的满足。庄子曾说过天人本就是合一的，但是由于受到了人所制定的各种规则制度、行为规范，才打破了这种天人合一的平衡关系，破坏了人原有的自然本性，因此，人修行的目的就在于回归自然，重新保持天人合一的状态。中华文化就集中体现了天人合一的学说。

其次，西方文化呈现明显的理性主义，认为人的行为应该受到理性思维的支配，这种文化注重在自我意识中构建一种抽象的理念世界；而中国文化讲究"中庸"，其特点是"中庸""守常""对称""平衡"。"中"是人的内心不受任何情绪的影响，内心平静、祥和。"庸"，即平常，而"中庸"就是始终保持一种平和的状态，其基础就是天人合一，被儒家学者认为是最高的行为准则。西方文化注重在自我意识中构建一种抽象的理念世界，从而以抽象的主观规律作为世界的本质，以达到对世界的理性异化。譬如咖啡文化——西方文化的典型代表，从研磨咖啡豆到具体器具，再到水温比例的控制都有严格的要求。如煮咖啡最佳的水温要求保持在95℃，又如一人份的咖啡淡的为8克，浓的为12克，水为120ml，这就是西方文化理性主义的体现。而中国文化讲究"中庸"，其特点是"中庸""守常""对称""平衡"。儒家将"中庸"思想引入到中华文化。如在中国的茶文化中，茶被视为清洁之物，赋予茶以清廉、高洁的品性，通过饮茶可以自省、省人、养廉，也可以沟通思想、融洽气氛，增进彼此的友情，协调人际关系，促进和谐。从中庸之道引出和的思想，和是度、是宜、是当，和就是一切恰到好处，无过亦无不及。而中华文化中一整套的茶事活动从采茶、制茶、煮茶、点茶、泡茶、品饮等无不是渗透着和的思想。泡茶之时，"酸甜苦涩调太和，掌握迟速量适中"；待客之时，"奉茶为礼尊长者，备茶浓意表浓情"；饮茶之时，"饮罢佳茗方知深，赞叹此乃草中英"；品茶之时，"普事故雅去虚华，宁静致远隐沉毅"。这均体现了儒家中庸、明论、谦和以及俭德。[①]

第三，西方文化强调个人的社会本位，注重人格的尊严，以个人为中心，是个人主义文化；而中国文化以集体为社会本位，强调集体观念。西方文化强调个体的独立意识与创新意识，强调自我与个人的成就，个人与群体、社会的关系松散，相互依赖程度弱。比如西方亲人间利益界限有明显划分，子女帮父母干活可以领取报酬，而子女成人须脱离父母独立生活，每个人有各自的生活空间，互不干涉。而中国文化以集体为社会本位，强调集体观念。作为中国人对自己最重要的认知是社会定位，个人价值的大小，更多会从曾经对社会和集体贡献的角度去衡量，强调自己的社会归属，从而重视人与人之间的联系并且注重维系、发展这种联系。无论是家庭观念还是社会生活方面，正是在这种集体主义价值观下，中华文化形成了和谐文化，讲究自身修身协和，讲究人与人的和睦相处，讲究整个社会的和谐祥和。中华文化内在精神也正是这种和谐文化的体现。

第四，西方文化注重审美的客观性，以"形式美"和"自然模仿"为基本原理，前者重视形式上的和谐，后者重视内容上的逼真；而中国文化注重审美的主体性，以"意境"为基本原则，强调情景合一的"神韵"。西方文化注重审美的客观性，坚持以真为美的原则，以"形式美"（即基于建筑美的和谐、比例、对称平衡等）及"自然模仿"（即雕刻艺术的特性）为基本原理，强调艺术的审美愉悦和美感享受，于是在模仿自然的实相中又表达出和谐、比例、平衡、整齐的形式美就成为较理想的艺术创作。正如毕达哥拉斯说"美是和谐"，亚里士多德宣布"美的主要形式是秩序、匀称与明确"。而中国文化的审美，注重审美的主体性，坚持以善为美的原则，形成了一种重言志、重德性的审美，以"意境"

---

① 乔艳敏. 中西茶文化与咖啡文化的比较 [J]. 中国市场，2016 (2)：202-203.

（即情景交融、虚实相生的形象系统）为基本原理，强调情景合一中的"神韵"，以体现出一种精神内涵，传达出某种所表达的情感。北宋范温《潜溪诗眼》中曰："凡事既尽其美，必有其韵，韵苟不胜，亦亡其美。"告诉我们在创作中要尽善尽美，精雕细琢。明代陆时雍在《诗镜总论》中指出："凡情无奇自佳，景不丽而妙者，韵使之也。"强调了浑然而成作品中"气韵生动"所占据的重要价值。中华文化追求"天人合一"的境界，中华文化的审美正是中国文化审美的集中体现。

综上所述，新时代中华文化对外传播，需要在传播内容、传播主体、传播媒介、传播受众四方面下功夫，在传播内容上，找准各类别文化的特点，深挖不同类别的文化内容，在传播主体上，政府要制定有关促进中国文化对外传播的有利政策，指导企业和社会组织规范活动秩序，公民个人也应发挥所长，提高自身文化素养。在传播媒介中，要着力处理好继承文化与文化创新的关系，坚定本土文化自信，根据不同传播媒介的特点，拓宽文化传播渠道，运用创新型文化元素，提高国际对中国优秀传统文化的关注度。在传播受众中，要针对不同层次的传播受众者，提供不同文化深度和厚度的传播内容，必要时对传播的文化内容进行解释，以达到较好的文化对外传播效果。

第 4 章 新时代中华文化对外传播路径策略选择

全球化时代，文化对综合国力的提升日渐重要，综合国力与文化的相互联系日益紧密，文化对外传播对综合国力的影响日益突显。如何采用合理的策略，有效地加强中华文化对外传播，对于中华文化的发展十分重要。在中华文化对外传播中，政府、组织、企业、个人等多元主体各自发挥着不同的作用，扮演着不同的角色。加强中华文化对外传播，主要就是让多元主体有效协同和配合。中华文化对外传播如果是一部电影，政府就是制片人，组织就是导演，企业就是主演，个人就是配角，只有各类不同的角色相互配合演出，中华文化对外传播这部电影才会精彩。

4.1 政府引领中华文化传播

在文化对外传播的过程中，难免会伴随着意识形态的传播，因而不可避免地呈现出一定的政治色彩。尤其对于中国而言，对外传播中华文化既是一种文化输出，也属于国家公共外交的范畴。因此，加强中华文化的对外传播，着重强化国家文化引领作用至关重要。为了有效推动中华文化的对外传播，必须将其纳入国家战略的框架之中，并由国家主导推动中华文化的现代化进程。这意味着需要加强对中华文化传播方式的优化和规范化，以确保传播活动符合国家利益和形象的需要。国家应该在制定政策和战略方面发挥主导作用，为中华文化的对外传播提供指导和支持。同时，政府应该与相关的组织、企业以及个人密切合作，共同推进中华文化的国际化进程。这样的合作努力将有助于提升中国在国际舞台上的文化软实力，增强国家形象和国际影响力。

改革开放以来，随着中国文化逐步融入世界文化潮流，文化对外传播已经成为我国文化发展的重要战略之一。政府的重视和支持是实现文化走出去的首要保障，政府在文化走出去中扮演着主导作用。

在我国政府层面，文化走出去主要通过中央政府、各省市自治区政府以及各州市政府三个层面来实施，形成了垂直领导、协调配合、有序实施的模式。这种方式类似于一支大兵团的作战，具有整体部署、全局考量的特点，是目前国情下实施文化走出去的主要国家战略之一。

政府层面推动文化走向世界的方式多种多样。其中，主要的传播方式包括：组织举办综合性文化交流活动，促进文化互鉴和交流；派遣文化艺术团赴海外进行演出，展示中国传统和现代文化魅力；设立海外文化中心，提供文化交流平台和资源支持；举办展览、文化论坛等活动，推动中国文化在国际上的影响力和认知度；建立对外贸易基地，促进文化产品和服务的输出与合作。

通过这些举措，中国政府致力于将中国文化推向世界舞台，加强国际文化交流与合作，提升国家形象和软实力，促进国家文化事业的繁荣发展。

4.1.1 纳入国家战略

在中华文化走出去战略中，将中华文化对外传播纳入国家战略并树立为文化战略先锋已成为当务之急，条件也逐渐成熟。随着中国改革开放四十多年来在经济领域取得的非凡成就，中华文化正在迅速走向世界，但同时也面临着对内振兴与发展以及对外介绍与交流的双重机遇与挑战。因此，无论是对内还是对外，都需要对博大丰富的中华文化进行梳理，对其中的核心理念和内容进行深入研究和深刻反思，以合理诠释和展现中华文化，从而使其更好地被理解和接受。中华文化对外传播应该被纳入国家战略，并被视为文化战略的先锋。因为在中华文化的众多形态中，包括书法、绘画、歌舞、戏曲、工艺、武术、中医等，都以其独特的魅力展现着中华民族的性情和品格，也都从某种角度、在某种程度上表现了中华民族的心灵和追求。因此，政府应该加强对中华文化的系统整合和战略规划，将其纳入国家发展的大局中，并制定具体的政策措施，加强中华文化在国际舞台上的推广与传播。同时，政府还应该积极支持文化产业的发展，提升中华文化产品的国际竞争力，推动中华文化走向世界的步伐。这样的举措不仅有助于增强中国的文化软实力，也有利于推动文化多样性的交流与共享，促进世界文化的繁荣与发展。从国家经济社会发展角度来说，振兴民族产业迫切要求将中华文化纳入国家战略。历史上，众多外国人最初就是从茶叶、瓷器和丝绸开始了解中国，至今仍有一些外国人将这些商品与中国联系在一起。中华文化已经出现被"边缘化"的趋势，不再代表世界文化发展的最高水平，不再能够引领世界文化的发展方向。因此急需国家战略复兴中华文化。当前国家提出"一带一路"的大战略，"一带一路"区域正是中华文化对外传播和商贸的重要区域，无论从国家经贸，还是从对外交流，中华文化都是"一带一路"战略的优秀选择。

随着全球化的发展和竞争加剧，更需促进中华文化的国际化，提升其核心竞争力，推动我国优秀传统文化的传承，持续增强中华文化在国际上的影响力和竞争力，繁荣、传承和传播中华文化。在未来一段时期，中华文化将迎来快速走向国际并迅速发展的重要机遇和挑战。促进中华文化在国际上的传播，让世界更加深入地了解和欣赏中华文化的博大精深。

4.1.2　重构中华文化

中华传统文化的现代重构，或称现代化，是一项庞大艰巨的重大课题。要建设面向现代化、面向世界、面向未来的民族的科学的大众的社会主义文化，扬弃和发展我们民族的历史文化传统就是其中一项十分重要的任务。中华文化集中体现了中华传统文化的核心内容和精神，积极推动中华文化的现代重构，将有助于全面推进中华传统文化的现代重构。从中华文化的现实来说，也需要对中华文化进行重构。当前我们传统的中华文化与生存现实是存在一定的脱节，古代文人对于中华文化的想象和描述很诗化、很深邃，但普通的民众大多很难理解其中的含义，此种传统的中华文化尚且难以说服我们自己的民众，也就更难说服国外的民众，这是中华文化对外传播的难题。正如作家余秋雨所说："我们已经进入一个新的文化时代，中华文化需要重构。"

重构中华文化应坚持一个总的思路，就是"中体西用、综合创新"。作为中华传统文化现代化的核心内容之一，中华文化的现代重构势必需要国家发挥引领作用，尤其是在中华文化对外传播中，需要对中华文化的形式与内容进行挖掘、整理、阐释、转化，才能更好地让受众去理解和认识，从而更广泛的被接受。如何对中华文化进行重构呢？这当然也是个艰巨的课题。我们认为重构中华文化应坚持一个总的思路，就是"中体西用、综合创新"。也就是说，应当根据当代现实的需要，遵循文化辩证发展的规律，在对中华文化进行科学分析的基础上，去积极的扬弃传统，推进传统，发展传统，将各种不同成分、要素重新组合、建构，创造出新的东西。

在综合创新中，其中最基础，也是传播中十分重要的，就是中华文化的表达方式创新。如果中华文化对外传播中，依然充斥着太多"道""天人合一""中庸""和"等概念，海外受众是很难理解的。如何进行表达方式的创新？可从以下两个方面进行尝试：一是商业语法。要积极建立中华文化产品的商业标准。当前，中华文化产品在包装、命名、词汇、图案等方面越发精美，但缺乏统一的标准，导致消费者只能凭个人判断，缺乏权威可信度。为解决这一问题，国家和地方政府应建立起一套等级评判标准，确保中华文化产品在商业上的一致性和可信度，提升其国际竞争力。二是艺术语法。中华文化的精神内涵不仅可以通过文字来表达，还可以通过艺术手法来阐释，如艺术品、电影等。通过艺术的形式，可以更好地跨越国界，让海外受众从艺术的层面去感受和理解中华文化的内涵和魅力。因此，应该加大对艺术形式的支持和推广，积极推动中华文化在国际艺术舞台上的表现，增强其国际影响力和吸引力。

4.1.3 改善传播模式

在人类传播史上，一共经历了五次大的传播媒体革命：语言传播、文字传播、印刷传播、电子传播和互联网传播。无论是处在哪一次传播媒体革命阶段，唯一不变的是各个国家的差异性，即使在大数据发展的背景下，世界互联互通加强，国家的差异性也不会消失。因此无论在发展的哪一阶段，传播模式的确定都是值得我们首先要思考的。在开启全面建设社会主义现代化国家新征程中，我们要向世界人民讲好中国故事就要依据不同接受对象的特点，采用精准文化传播模式，根据文化接收对象量身打造文化传播内容、传播方式、传播渠道等，进行精准式文化传播。

精准文化传播模式首先要精准文化传播要素，分别是传播主体（传播者）、传播客体（受传者或受众）、传播内容、传播渠道（媒介）、传播效果（反馈）。以精准传播主体和精准传播客体为例简要论述。精准传播主体方面，传播主体不同，传播的特点就不一样，如科研工作者和普通民众作为不同的传播主体，则传播内容、传播方式都需要改变。科研工作者可在学术会议、专业期刊上通过科学严谨的论证进行文化传播，也可通过讲演等方式从学术、科普的角度对国外民众进行中国文化讲解，此类方式容易得到认可促使传播力提升。然而，普通民众作为传播主体时，此种方式显然不合适，则需要选择符合人物特点，容易被大众接受的方式和内容进行文化传播。精准传播客体方面，传播主体进行文化传播时，要在开启传播模式前充分认识了解接受对象的特点，结合文化传播主体主观态度确定合适的传播内容与形式。如法国人喜欢漫画，有着阅读漫画、消费漫画的传统，漫画在法国属于老少皆宜的读物，故在法国可通过漫画的形式进行文化科普，如用漫画形式对中国的仲由尽孝、仓颉造字、卧冰求鲤等优秀文化故事进行传播，既容易理解，又生动有趣。

精准文化传播模式不仅需要精准的文化传播策略，还需要深入的执行细节和操作方法。根据传播主体与传播客体的特点，精准确定传播内容、选取传播渠道和制定传播策略是至关重要的。

首先，根据传播主体与传播客体的特点，需要精准确定传播内容。这意味着需要深入了解传播主体的定位、价值观念和目标群体的需求、兴趣，选择与之契合的文化内容。例如，针对不同年龄、文化背景和兴趣爱好的受众，选择适合的文化元素和表现形式。

其次，根据传播主体的特点，精准选取传播渠道。不同的传播主体可能有不同的传播渠道偏好，需要根据目标受众的行为习惯和接受方式，选择合适的传播渠道。这可能涉及到线上平台、社交媒体、传统媒体、文化活动等多种形式的传播渠道。

最后，根据传播客体与传播内容的特点，精准确定传播策略。这包括制定详细的传播计划，确定传播节奏和频次，以及根据传播效果进行及时调整和优化。

同时，还需要考虑到传播客体的反馈和互动，及时回应和处理可能出现的问题和疑虑，保持传播效果的持续性和稳定性。

4.1.4 优化传播方式

政府要组织力量，整理中华文化经典、专著、最新成果，综合运用各种媒介实施有效传播。近些年来，国家在对外交往中明显加大了中华文化的推广力度，但在传播方式上需要积极进行优化。纵观当代的中华文化对外传播，政府的专门机构，以及人民日报、新华社、中国日报等官方媒体是中国向世界发声的主要角色。但因观念、理念的原因，传播效果还有提升的空间。

因此，要加强中华文化对外传播，需要我国政府机构和官方媒体，真正加强文化对外传播的研究，注重跨文化传播的规律，能够从不同国家和民族的文化认知和心理习惯出发，生动活泼地去展现中华文化。政府要组织力量，整理中华文化经典、专著、最新成果，综合运用各种媒介实施有效传播。政府相关部门要形成联动机制，在国家统筹下，充分发挥广播电视、新闻出版、文学艺术、民族、侨务、体育和旅游等部门的不同优势，逐步形成中华文化对外传播的强大合力。要"官民并举"，政府有意识地在背后积极支持各类社会组织、企业、专业人士、文化爱好者等传播中华文化，形成中华文化对外传播立体格局，推动中华文化更好地向世界传播。除此以外还需要优化传播方式，其内容主要包括综合性文化交流活动、文艺团体访问演出、国外举办展览、文艺论坛、海外中国文化中心、发展自媒体文化传播渠道以及设立对外文化贸易基地等。

4.1.4.1 综合性文化交流活动

综合性文化交流活动主要包括两个层面的举措：一是国家层面的"中国文化年"活动；二是地方政府层面的文化月、文化周、文化节等活动。国家层面的"中国文化年"活动是由国家政府主导举办的大型综合性文化交流活动。每年，中国会选择一个特定的主题或文化领域，通过举办展览、演出、论坛、讲座等多种形式，向国内外观众展示中国丰富的文化遗产和创新成就。这些活动旨在提升中国文化的国际影响力，促进不同国家之间的文化交流与合作。地方政府层面的文化月、文化周、文化节等活动是在地方政府的组织和支持下举办的文化交流活动。这些活动通常以本地的文化传统、特色和资源为主题，通过举办传统文化展示、艺术演出、民俗活动、文化论坛等形式，吸引游客和民众参与，促进本地文化的传承与发展，同时也增进地区间的文化交流与合作。

中外互办文化年已经成为对外文化交流的重要手段，中国文化年加深了各国人民对中国文化的认识，成为中华文化走向世界最为直接的方式。近年来，中国文化年在世界很多国家举行，随着中国经济实力和国际影响力的提高，越来越多的国家开始关注中国，比以往更加迫切想了解中国，举办中国文化年成了形势发展的迫切需要，中国文化年的举办，很大程度上促进了我国文化、经济、政治、外交等方面的全面发展中。"中国文化年"文化项目，以国家文化的大视角向全世界人民诠释了中华文化，淋漓尽致地反映出了中华民族精神和文化价值观，推动了中华文化走向世界。

中国文化年的源头可以追溯到 2002 年 4 月中日韩三国政府共同主办的"中日韩文化交流年"系列活动，包括"中日文化年"、"中韩国民交流年"以及"中日韩人员交流年"等一系列活动。2003 年 10 月，法国举办"中国文化年"。2004 年秋，中国举办"法国文化年"。2006、2007 年中俄互办"文化年"，2010 年 10 月 7 日，意大利"中国文化年"在罗马开幕。2011 年 6 月到 2012 年 6 月，我国在澳大利亚举行中国文化年。2011 年 11 月 23 日，中国文化年在土耳其首都安卡拉开帷幕。2012 年 1 月 30 日，在德国柏林举行了中国文化年的开幕式。"2015 中国文化聚焦"和南非"中国年"系列文化活动将在中国国内和非洲 20 余个国家陆续开展，将举办包括演出、展览、研讨会、电影周、人员交流在内的各类文化活动约 200 项。"文化聚焦"品牌活动涵盖多种文化领域；交流形式包括演出、展览、人员交流、研讨会、青年培训、电影周、电视剧播映、文化机构对口合作、文化专业人士客座创作等；每年项目均在 200 个左右，几年来基本覆盖了所有非洲国家和中国国内省市。2016 年恰逢中埃两国建交 60 周年，双方在埃及举办"中国文化年"，在中国举办"埃及文化年"，以此来增进两国人民的传统友谊。中国和埃及均为世界文明古国，两国都拥有着悠久灿烂的古代文明和成果丰硕的现代文化艺术，"2016 中埃文化年"的举办必将为两个古老而又年轻的国家注入发展、合作的新活力、新动力,对中埃两国全面深化战略合作伙伴关系有着特殊而重要的意义。另外,"2016中拉文化交流年"相关活动的总体规划和活动方案也已经公布,"中拉文化交流年"将由文化部总体规划,于2016年在中国及拉丁美洲地区各国举办,不但覆盖中国多个省市,还将深入拉美及加勒比地区20余个国家。

中国文化年在对外文化传播与交流方面相比其他形式有明显的优势,中国文化年作为国家层面的文化走向世界的活动,部署层次最高、实施计划最宏大、财力物力最为充足、影响范围最广和更持久;中国文化年的活动是非常丰富和多元的,并不仅限在文化领域,还囊括了环保、科技、教育等其他领域的活动,更容易产生文化集群效应;我国政府秉持中央政府搭建平台,地方政府全力配合,各界广泛参与的公共外交思路,吸引国内外各个企业界、学术界和普通民众参与其中;使得其所波及的实体多、范围广。

在中央政府在积极推广中国文化年的同时,各级地方政府也积极投身于与中国文化年相配套的文化月、文化周、文化节等文化交流活动中。使对外文化交流活动能有效地为地区经济贸易搭桥铺路,对外文化月、文化周、文化节等文化活动的举办,把地方文化、民间文化以政府推动的形式影响海外受众,宣传该地区优秀的文化艺术。其主要实施形式是地方政府与主办地政府合作(比如省与州之间、市与市之间等),并借助海外华侨华人的力量,让丰富的中华文化内容直接走进国际主流社会的视野,融入世界主流文化的洪流中。

总之,政府层面的文化走出去相对于其他方式而言,更有利于调动我国的优势文化资源,最大限度地发挥文化聚集效应。由于政府决策层次高,这是我国政府,在文化全球化背景下做出的重大文化国策,比其他任何形式所达到的交流领域更广、覆盖面积更大、主题立意更鲜明、合作程度更深、影响范围更远,更能体现国家文化走向世界的战略意图。

4.1.4.2 文艺团体访问演出

文艺团体访问演出是世界上大多数国家普遍采用的文化交流形式,其最大的特点是普及性、艺术性、直观性,能在最短时间内拉近与国外受众的距离,让外国受众识懂该国文化，起到最佳的文化传播效果。在我国，文化艺术团出访演出是建国后发展起来的传统文化走出去的方式。这一方式能使我国的文化艺术直观地走入国外受众的视野。现场的动态演出相对其他静态传播方式更具魅力和互动性。文艺团体访问演出大体可以分为两种模式：一种最直接的方式是由政府直接派出艺术团到别国演出，作为文化外交手段之一；另一种是由政府引导的半官半民形式的文化艺术团出访演出。由政府直接派出艺术团演出一般在进行外事访问或举办大中型综合文化交流活动时采用。文化艺术团出访演出除了上述政府层面走出去的形式之外，还有由政府引导的半官半民的文化走出去，这种形式介于政府层面和非政府层面的文化走出去，是政府引导和扶持文化走出去的途径。

4.1.4.3 国外举办展览

国外举办展览是最为直接的文化走出去方式，是新中国成立后发展起来的一种传统的、最为普遍的对外文化交流形式。几十年来，我国在世界上大多数国家都举办过各种层次、各种内容的展览，在文化传播技术欠发达的历史时期，起到了关键而重要的文化交流作用。一般情况下，大型的、综合性的文化展览，是由各省、自治区、直辖市、特别行政区及其贸促会为主承办。专业性的文化展览一般由各外贸总公司、商会、专业联合会为主承办。主要的展览形式是通过在国外出展文物、书画、艺术作品等，达到文化传播与交流的效果。随着我国走出去工程的不断推进，国外举办展览已经成为我国政府组织文化走向世界的重要手段，并通过举办展览取得了良好的文化宣传效果。

4.1.4.4 文化论坛

文化论坛是中华文化走向世界的高端形式之一，一般来说，论坛的参与者大都是知识界和文化界的专家、学者和相关领域的社会精英，对带动中国文化的价值观、文化理念等高层次文化进入国外上层社会有着非常积极的意义。促进文化走出去的论坛，最典型的模式是中外文化论坛。通常是中外高层在求同存异中对相互关心的问题交换意见，交流经验并达成共识，主旨是交流、合作、发展、共赢。文化论坛是文化走向世界中的最佳对话机制之一，出席论坛多是中外文化高层次的专家、学者和艺术家，他们在自己的学术和艺术范围内具有相当的号召力和代表性，与会者的交流对促进诸国人民间的相互了解具有高屋建瓴的重要作用。通过论坛这类对话机制探讨文化艺术的发展方式，加深了彼此相互认知、认可的程度，深化了国际文化交流与合作。

4.1.4.5 海外中国文化中心

海外中国文化中心是我国政府主导的文化走向世界战略的重要组成部分2002年以来，又先后在埃及、法国、马耳他等国设立中国文化中心，一大批国家签署设立文化中心的政府文件。截至2014年底，投入运营的文化中心已达20个，总投资13.36亿元人民币，根据《驻外中国文化中心发展规划》，到2020年我国海外文化中心总数将超过50个。

中国海外文化中心设立的目的是将海外中国文化中心打造成开展日常文化活动、向驻在国提供全方位资讯的国家信息服务中心、推广和教授中国文化及其技能的国家培训中心、促进国内外文化机构和人才在多领域的深度交流及项目开发的联合研发基地。主要的文化推介形式有：与国内相关机构合作，通过举办演出、展览、文化节、影视周、图书节、旅游推介会、体育赛事、产品展示会。与驻在国开展图书、信息交流与合作，向公众提供中国信息咨询与服务，面向公众组织国家水准的语言文字、文化艺术、体育健身等培训项目，定期举办沙龙、研讨会和专题学术交流会，发展客座创作、联合制作等长期学术合作项目等专题性或综合性的文化活动，弘扬优秀传统文化，推介当代优秀艺术成果，推动中国文化产品、主流文化人驻在国主流文化视野，进入驻在国社会生活和公众的情感世界，增进驻在国公众对中国文化作品、社会现象以及价值观的了解、理解和认同。

4.1.4.6 发展自媒体文化传播渠道

心理学研究证明，具有视觉显著性的信息容易左右人们的判断。视频具有生动形象的画面，音效等方面也非常容易吸引人的注意力，具有很强的感染力，因而传播力自然也会较传统的媒体而言得到较大提高。随着大数据、虚拟现实、人工智能以及 5G 等技术的发展，短视频成为集图、音、声、像、画等多种表现手段于一体的新型传播形式。而自媒体更是短视频及其他吸引力较强的新型传播内容的主要传播渠道，受到各国年轻用户的喜爱，并被各国年轻用户使用，无论是作为发布者还是作为观看者，新媒体在市场的占有率高速提升。据有关资料显示，2019 年 5 月初，YouTube 在 2019 年 5 月初每个月已经有 20 亿活跃观众，平均每 100 个人就有 90 个人观看 YouTube 上的各类视频，所有观众每天使用电视屏幕花费在 YouTube 上的时间达 2.5 亿小时之多。在全球市场的推广下，抖音也逐渐被外国民众认可，并融入他们的生活，作为新媒体代表的抖音在 2019 年曾三次当选季度"全球下载量最多 App 榜单"榜首，而且抖音还是我国的 App，依然高度融入海外各国普通民众的生活，众多海外网民在抖音上频繁分享自己的生活、工作，发表自己对于热点事件的看法等，甚至包括《华盛顿邮报》在内的众多海外老牌传统媒体也争相在抖音上开设账号，由此可见新媒体及短视频的传播力及影响力非常之大。

这种新媒体传播模式的特点包括民众乐于自发参与、传播速度快、传播范围广，并且内容制作短小精巧。该模式具有润物细无声的跨文化渗透能力和社交话题能力，有助于减少文化受众群体的抵抗心理，降低文化传播的阻力，为中国文化对外传播赋能，它以其强大的传播效果和影响力，成为推动中国文化对外传播的重要力量；能够在全球范围内快速传播中国文化的精髓和特色，使更多的人了解和认同中国文化，增强中国文化的国际影响力和吸引力；同时能够促进不同文化之间的交流与融合，促进世界各地文化的互相理解与尊重。通过在社交媒体平台上分享中国文化的精彩内容，引发国际社会的关注和讨论，进一步拓展了中国文化的传播渠道和方式。

优秀文化代表着国家的形象，能够体现一个国家的影响力，是推动着国家发展的无形力量。随着社会的不断发展，文化传播的渠道也更加多样化。目前，我国文化传播采用的渠道多为主流媒体，因为主流媒体更加能够确保传播内容的准确性与可持续性，权威性相对较高，但是较为单一的传播渠道在一定程度上不利于更加广泛、高效、深入地进行文化传播，不利于多方面顾及到各类人群的特点，部分海外民众的内心接受度也会受到一定影响，影响了我国文化软实力的快速提升。然而随着互联网的高度普及，自媒体平台迅猛发展，并以其独特的优势吸引大众以及各大运营者们，以李子柒为代表的各种新型的自媒体短视频为中国文化海外传播提供了新的模式与机遇，提升了海外国家对中国文化的兴趣。2019年，据《南方都市报》的报道显示，李子柒在 You Tube 上的粉丝量突破1000万，总观看量逾13亿次，一度超过 CNN 的影响力。世界上几十个不同国家的网民纷纷用不同的语言参与视频互动，被视频吸引，被中国文化吸引，对中国有了更为全面和深刻的理解，同时也对中国有了更深的向往之情。

自媒体是指通过数字科技与全球知识体系相连，提供并分享个人真实看法和自身新闻的一种方式。它是媒体的一种新兴形式，涵盖了各种平台和形式，如抖音上的各类短视频、小红书上博主的各类分享、新浪微博上的热搜话题，以及我们每天在微信朋友圈和QQ空间里分享的各类文章和视频等。自媒体的兴起在很大程度上改变了传统媒体的格局和传播方式。它使得普通人也有了发声的平台，每个人都可以通过自己的方式和渠道传播信息、表达观点，形成了一种多元化、个性化的传播格局。同时，自媒体也加速了信息的传播速度和范围，使得新闻和观点可以更快地被传播到全球各地，推动了信息的交流与共享。

自媒体与传统媒体的主要区别在于自由度和平民化。传统媒体具有较高的标准和严格的审核把控标准，很少有每个人都有机会在传统媒体上发表个人观点和看法的情况，更不可能随时分享自己的生活。相比之下，自媒体则具有更大的自由度和平民化特点。自媒体受到的约束相对较少，博主可以在一定的规范下相对自由地发布视频等内容，也可以随时进行评论。自媒体的受限性较小，参与感较强，因此越来越多的网民关注、喜欢和使用自媒体平台。这种自由度和平民化的特点使得自媒体成为一个开放的传播平台，让更多的是人有机会表达自己的观点和看法，分享自己的生活经历。自媒体的兴起为普通人提供了一个独特的发声机会，推动了信息的多元化和个性化传播，丰富了人们获取信息和表达意见的途径。同时，自媒体也为传统媒体带来了新的竞争压力和发展机遇，促进了传统媒体的转型升级和内容创新。

自媒体具有典型的特点和巨大的流量，为我国文化传播起到了重要的推动作用。除了网民在网络上的日常分享，向外传递中国文化的影响外，越来越多的文化"网红"也开始在自媒体平台上活跃,分享、分析、解读中国优秀文化,这些都无疑促进了我国文化对外传播的快速发展。

随着科技互联网的普及,自媒体时代也逐渐到来,微信、抖音、今日头条、微博等自媒体平台已成为大众社交的常用平台,但自媒体更多的用来娱乐、经商、记录生活,但传播质量还有待进一步提高。笔者在 2020 年对本校外国语学院全体在校生做过一项自媒体文化传播的调查,调查发现大多数学生能够在自媒体中看见有关传统文化类的信息,但传播质量与内容真假鱼目混珠,且仅仅有半数学生能够明确辨别出自媒体中中国文化的真假。同时,在此次调查中笔者还发现,尽管中国的科技和经济实力大幅度提升,但与海外媒体相比,中国自媒体对外传播中国文化的力度还不够强大,有些内容还是无法传递给大众。

近年来,互联网日渐成为信息传播的主要渠道,文化传播的渠道不仅是文化传播的载体,更是一个取其精华去其糟粕的甄别过程,也是将国内和国外,古代和现代,文化融合的过程。然而在弘扬和传承中国优秀传统文化的过程中,传播媒介形式单一、传播技术落后,很难吸引大众,尤其是青年群体,我们要善于运用新兴的自媒体平台尤其是海外社交媒体,这可以有效增强中国文化在海外的影响力。但在传播过程中仍然存在一些障碍,语言不通,导致理解偏差;表达方式的不同引起大众不同的心理反应,进而产生不同的情感共鸣;且不同的受众在兴趣上千差万别,正所谓望经拜道,各有一好,中国文化在传播过程中往往内容单一,很难引起受众的兴趣;社会环境和人际环境也在传播媒介中引发一定的影响,每个人对传统文化的意见观点不一,这些观点和意见往往对周围的人产生直接的影响,从而改变或增强他人的态度。

近年来,对外传播中国优秀传统文化引发社会各界的关注,自媒体依靠其不同于传统媒体的特殊优势快速发展起来 并逐渐成为普通百姓及网络用户必不可少的娱乐与获取信息的形式,现就围绕自媒体传播主体、传播内容、传播形式等方面探讨如何更好地利用自媒体平台进行中国文化海外传播。

一是培养多样化的高质量的传播主体。随着自媒体时代的到来,大众在工作、学习之余会通过自媒体进行获取信息,微信、抖音、快手等自媒体 APP 应运而生,自媒体平台资源较多,对传播主体没有统一标准与要求,传播主体可以随意选择传播工具，自行确定发布内容与信息，起着较大的主导作用，出自于不同的传播主体，大众所接受的程度也不同，所以应该对自媒体平台传播主体严格把关，对其可信度严格把控。只有传播者拥有一个诚实可信的良好形象，才能塑造一个高质量的传播主体，才能提高传播质量；其次善于运用现有的技术，对传播主体加大创新力度，目前来看，国内传播主体较为单一，多依赖官方机构与主流媒体，不仅如此，其背后的创作团队也需要加大创新型人才的培养。只有自媒体得到严格把控及创新，才能发展多元化的高质量的传播主体。

二是培养个性化的创新型的传播内容。随着全球化的到来，中国文化与海外文化相互交流融合，但在传播过程中总有一部分人对中国文化产生误解，这与其传承内容有着直接关系，传承中国文化不是一蹴而就就能完成的事情，冰冻三尺，非一日之寒，传播什么样的内容，是关键所在。不忘初心才能使中国文化持续性发展，创新的基础离不开传统文化。中国优秀传统文化有着上下五千年悠久的历史沉淀，与西方文化相比，有独特的魅力所在。传播中国文化要坚持以习近平新时代中国特色社会主义核心价值观为基本点，以习近平新时代中国特色社会主义思想为第一要素，以人民群众的精神文化需求为前提。此外要做到传统文化与现代文化相互交融，做到革故鼎新，也要不断加强世界各民族之间的文化交流，做到博采众长。

在如今经济一体化的网络时代，中国传统文化必须有所创新，没有创新就没有生命力，就会被时代摒弃。要创新中国优秀传统文化，使其更加个性化，即非大众化，首先要对中国优秀传统文化拥有足够的热爱，并对中国文化有一定的了解程度，其次要能够在传播中国文化时善于发现问题所在，究其根源，并且能够做到兵来将挡，水来土掩，此外还要善于培养发散性思维，拥有创新意识，敢于大胆设想。可以借助形象的图案符号、肢体动作以及现有的媒体技术等来创新内容，以此吸引大众的眼球并激发学习中国文化兴趣。而且要学会弘扬古代的精粹，批判性地吸收海外文化中对中国一切有用的东西，即古为今用，洋为我用，使中国传统文化顺应现代化、全球化的需求，使得传统文化在新时代获得新活力，以此达到在传承中创新，在创新中传承。

三是发展培养多元化的传播形式。随着移动网络和数字媒体的普及，自媒体平台所带来的传播媒介的形式不断多样化，仅仅以传统的文字、声音、图像已经不能够满足大众对中国文化的接受与认知。短视频自媒体发展迅猛，以听、看、读的角度，通过不同的感官对传播内容感触，使大众更加直观地了解中国文化，大大增强了自媒体的传播速度。此外，在媒体平台上采用直播的形式，以专家解说为主，图文、音频为辅的形式，向大众介绍中国文化。要善于运用海外媒体进行传播，自2014年发力境外社交媒体以来，已相继用不同的语种在Facebook、Twitter、YouTube、Instagram、LinkedIn、VK等国际主流社交平台开设账号，覆盖众多国家，粉丝总数逐步突破。此外随着时代的更迭，许多中国文化元素被融进音乐、舞蹈中，借助歌手和舞者将融进中国文化元素的歌曲和舞蹈在自媒体平台以短视频方式发布，这种形式可以给受众带来听觉和视觉上的冲击，使中国文化得到高效传播。

现如今，各行各业都借助流量明星代言的方式来宣传产品，而中国优秀传统文化也可以借助这一方式来进行传播。除了通过专家解说传播中国文化，现有的流量明星在自媒体平台上也可以发挥重要作用。通过邀请对传承和弘扬中国文化有热情的明星，填补其对中国文化的了解空缺，再在自媒体平台以视频代言的形式进行中国文化的传播，将极大地吸引大众的观看，从而达到传播效果。自媒体平台具有较强的交互性，因此可以采用问答的形式来介绍中国文化，让大众对中国文化产生好奇，从而激发其进一步了解的兴趣。通过与观众的互动，可以及时解答他们的疑问，增强他们的参与感和归属感，进而促进中国文化在自媒体平台上的传播和推广。总的来说，利用流量明星在自媒体平台上进行中国文化传播，可以有效吸引大众的注意力，提高中国文化的曝光度和影响力。同时，通过自媒体平台的交互性，可以更好地与观众互动，促进他们对中国文化的了解和认同，从而实现中国文化在国际上的传播目标。

4.1.4.7.设立对外文化贸易基地

建设国家对外文化贸易基地是我国实施国家对外文化传播战略、推动中国文化产品和服务走向世界的重要举措。这些基地不仅仅是文化贸易的枢纽，更是创新示范区，为国家对外文化传播注入新活力。它们被视为国家级文化贸易口岸，为中国文化走向国际提供了重要平台。同时，作为文化能力培养区和艺术品交易市场，这些基地促进了中国文化产品更便捷地走向世界舞台。在当前新的国际形势下，世界各主要国家都将建立对外文化贸易基地纳入国家文化战略的重要组成部分，体现了文化交流合作的迫切需求和重要意义。

4.1.5 加强学术研究

目前影响中国文化对外传播力的主要问题之一是系统深入的关于文化传播力与影响力的科学研究还有待进一步提高。相关研究发现有关高效提升中国文化对外传播及如何充分利用大数据、互联网提高中国文化传播力的相关项目和研究还远远不足。以在河南省科研影响力较大的河南省社科联年度调研课题指南为例，2019年至2022年，河南省社科联调研课题内有关文化与传播的调研课题多为文化的起源、内核实质、时代价值与省内文化发展研究，传播方面多为新闻传播与大众服务传播，没有一项与提高中国优秀文化传播力有关的课题研究。省内普通地市的社科联项目多为当地文化的发掘与传承，多和地市发展较为密切。以安阳市为例，2019年至2022年安阳市社会科学规划项目指南多数为殷商文化、甲骨文文化、周易文化、曹魏文化等地方性文化的创新研究，或为红旗渠精神、谷文昌精神、岳飞精忠报国精神等的新时代价值及内涵研究，无一项关于如何高校传播中国文化，如何有效结合文化传播与大数据提升文化传播力的研究。

加强文化对外传播研究一方面可以促进传播力的快速提升，帮助外国友人更形象、准确地理解和感知中国优秀文化，另一方面也能在国际学术界提高中国文化的地位，提高我国话语权。浙江大学外语学院聂珍钊教授在谈到中国学术发展时曾说到：只有中国学术"走出去"，才能让世界真正了解"学术中的中国""理论中的中国"和"哲学社会科学中的中国"，才能真正引领国际学术话语。同理，加强文化对外传播的学术研究，也可以帮助世界正视与了解中国文化真正的历史价值。故应大力提倡各级研究机构加大文化传播力与加强文化传播与大数据、互联网等新技术结合的相关研究，尤其是各省级科研机构，如省社科联、省科技厅等机构，应积极承担起引导责任。

4.1.6 强化文化教育

随着中国对外开放的程度不断加深，利用高校英语教育培养具有丰富中国优秀文化知识和素养的大学生，以更好地传播和弘扬中国文化，变得愈加重要。本节将从教学研究的角度出发，探讨如何通过课程设置、教材整合、教学策略和评价方法等方面，有效地将中国优秀文化融入英语课程，从而促进中国文化的传播。

（1）英语教学文化传播现状。大学生是迅速融入社会的群体之一，仅仅几年时间他们就将成为中国文化传播的主要力量。因此，将中国文化融入英语教学中变得尤为紧迫和重要。这不仅可以加深学生对中国传统文化的理解和认同，还可以培养他们的文化自信和国际视野，为未来的文化交流与传播奠定坚实的基础。

"听说读写译"是英语学习强调的基本能力。在以往的教育教学模式中，较多高校采用的教学模式仍是语言训练为主，对于学生文化自信与文化内容的讲解与训练相对较少，即使涉及到文化模块，也是以输入欧美文化为导入，较少主动添加中国本土文化，或是基本不添加，使得学生对中国文化方面的知识与素养十分薄弱，故学生使用英语准确、熟练传播中国文化的能力自然不会高，对于外语专业的学生来说，利用自身专业特长降低中国文化失语的现象无从谈起。这种现象在英语专业的课堂上就更为明显。为了使学生对英语国家有更全面的了解，学习内容的选择上会偏重于英语国家的政治、经济、社会、文化等相关方面的知识，而忽略本国文化的输入。另一方面，课程内外所使用的材料多为英语国家原版资料的截取与整理，其涉及内容也多为英语国家的文化与生活，而关于中国文化的英语材料多为中国对外宣传材料，文本内容与难度对于课堂教学来说适宜性也有待提高。长此以往的不平衡发展，使得英语教学中过度依赖英语国家文化材料，造成欧美文化输入与中国本土优秀文化输入严重不均衡。为此，在英语课程中应增加中国文化的输入与输出练习，循序渐进地培养学生的文化能力，提高学生的文化自信，为中国文化的传播奠定基础。

（2）英语教学中国文化输入原则。学者们普遍提出在大学英语教学中导入文化应遵循的基本原则，这些原则包括平等、适度、有效和关联等。这些原则为教师提供了指导，确保文化导入活动在教学中得以有效实施，从而促进学生对中国文化的全面了解和深入体验。

平等原则在大学英语教学中具有重要意义，其核心是要求教师和学生在学习和传播中国文化时保持一种平等的态度。这一原则指引着教师在课堂上引导学生，不应将中国文化与外国文化进行简单的对比，也不应以一种自我优越或盲目崇拜的心态对待外国文化，而是要以客观、尊重的态度去理解、学习和传播文化。

适度性原则是指英语教学中不可喧宾夺主，仍应以语言学习为主，在语言学习的过程中加入适当的文化内容。英语教学是语言学习，其基本教学目的是要培养学生能够用英语进行顺畅的交流与表达。因而在英语课堂上仍应以语言学习为主，学习材料的选择上可以适度添加中国的优秀传统文化，增强学生对本国文化的自信与了解，但英语课不是文化课，故不能以学习中国文化为本，教师要把握好学习的度。

有效性原则是指教师在课堂上导入文化教学时要以效果为导向，使语言教学与文化紧密结合，在寓教于乐中培养学生文化素养，尤其是不能成为传统的满堂灌或是死记硬背模式。文化教学无论其内容还是其词汇都具有较强的专业性，故对学生的英语学习增加了一定的难度。在进行教学时，教师应找到文化与语言的结合点，以文化材料为媒介来更好地学习语言，同时反过来促进对文化的理解与思考。不能使学生因不理解而造成对语言与对文化的双重厌学与避学现象的产生，而应增强利用文化进行语言教学的有效性，提高学生的主动性，使大家积极地参与到课堂学习中，学有所获。除找准语言与文化的结合点外，教师在对中国文化讲解的材料选择上也应多加关注，从而增强课堂的有效性。中国文化博大精深，源远流长。难且复杂的材料不适宜在非专业的文化课堂上涉及太多。深刻理解这些文化的精髓已对学生的学习造成障碍，而利用外语来进行学习更是不利于调动学生的积极性。故在材料的选择上，教师也应做好筛选，提升课堂英语与文化学习的有效性。

相关性原则指的是，在英语教学中，教师应当充分利用学生已有的语言学习材料，其中大部分与英语国家的文化和社会相关。然而，教师也应该积极寻找与这些教材内容相关联的中国文化元素，以此来丰富课堂内容，促进学生对英语学习的兴趣和理解，并且让他们了解中国文化的内容与表达方式。在课堂教学中，教师可以通过多种方式将中国文化与教材内容相结合。例如，在讲解教材中的某个主题时，可以引入中国的相关文化背景和例子，让学生通过对比和对照的方式更好地理解所学内容。同时，教师还可以选择一些与教材内容相关的中国文学作品、历史事件、传统习俗等作为扩展材料，让学生通过阅读和讨论了解中国的文化内涵和特点。此外，教师还可以设计一些与中国文化相关的课堂活动和任务，让学生在语言学习的同时体验和感受中国文化。比如，组织学生参观中国传统节日庆祝活动、制作中国传统手工艺品、观看中国电影或纪录片等，让学生亲身感受和了解中国文化的魅力和多样性。

通过将中国文化与教材内容相结合，不仅可以丰富课堂教学内容，增强学生的学习兴趣和参与度，还可以提高他们对中国文化的认知和理解水平，从而实现学习英语与了解中国文化相互促进的效果。这种有机结合的教学方式不仅能够提高学生的语言能力，还能够培养他们的跨文化交际能力和全球意识，使他们成为具有国际视野和文化素养的综合型人才。

（3）英语教学中国文化输入策略。在英语教学中传播中国文化首先要明确授课目标，在明确授课目标时应重点考虑两方面问题：学习目的与学生特点。英语课程不是以学习中国文化为主导，是以中国文化学习材料为中介，旨在训练学生的语言能力，故在学习过程中授课教师应把握文化学习程度，设置合理学习目标。授课过程中适当添加中国文化相关学习材料，进行简要讲解与分析，激发调动学生积极性与学习兴趣，不适宜针对相关文化进行过度深入研究与探讨。同时要结合学生特点设置文化学习目标。中国文化历史悠久，底蕴深厚，其学习理解与表达专业性相对较强，故教师在设置目标时应根据学生学习程度、兴趣等相关特点设置合理学习目标。目标过高易使学生产生挫败感，不仅打击其学习与传播中国文化的积极性，甚至有可能削弱其练习语言能力的积极性。故授课前，教师应明确本课程基本授课目标及对中国文化部分在该课程中的授课目标，做好规划与设置。

其次，要系统设置文化传播课程内容。课程内容是同学们通过对课程内容的认真研读与训练从而获得相关知识与技能。在制定并且明确文化授课目标的前提下，教师在课程中添加相关文化内容时应根据基本课程内容及学生学习基础进行合理设置与适当补充。中国文化种类繁多，教师应明确需要补充的文化主题，筛选合适的学习资料。教师自行添加的文化内容主题应与原课程内容具有关联性。相关但不相同能够使学生在拥有一定基础背景的前提下最大限度的提高学习与探究兴趣。如果不考虑和基础课程内容的相关性，一味的添加中国文化内容，则学生在毫无基础的情况下进行中国文化知识的听力练习，这会产生一定的学习障碍，练习效果不佳，达不到掌握了解中国文化的目的，严重者还会影响学生学习的积极性。在上海外语教育出版社《听力教程2》部分单元中接连出现了不同国家文化对比的文章，如中日身体语的不同，因此教师可结合对应主题将相关中国文化融入课程中。同时，在进行材料筛选时，补充内容的难度与材料容量也要根据基础课程内容适量安排。中国文化博大精深，如若选取材料过多过难，则很容易使听力训练课堂演变为中国文化学习课堂，偏离课程目标。

再者，采用多样化教学方法传播中国文化。传统英语课堂使用的教学方法多为学生听，教师讲。这样单一的教学方法易使学生产生学习疲劳感，学习效率降低。对于中国文化，学生具有一定的认知与理解基础，因此在课堂上可充分利用大数据及新媒体手段，用听、说、看等多种教学方法。例如在进行中国文化听力练习时，可设置情景，渲染氛围，让学生在感受其语境、产生心理共鸣的同时，积极主动参与，运用所学英语知识进行协作、会话，但时间不宜过长，3~5分钟为宜，在会话交流的过程中既可以提高学生的听力能力，又增强了学生中国文化的英语表达能力。同时，具有中国文化元素的英语动漫电影逐渐增多，教师可在课堂中适当借助英文影片进行听力练习。英文影片可让学生观看，尽可能多的听懂影片内容，然后结合影片内容同学之间可相互复述，以说的形式加深理解，训练中国文化表达能力。

最后，需要结合数字技术合理使用教学评价。教学评价对学生具有很大的监督、强化和激励作用。在一定的限度内，经常进行记录成绩的测验对学生的学习动机具有很大的激发作用，可以有效地推动学生学习。因此教师可以借助"钉钉"、"雨课堂"等新型学习与评价工具，充分利用好教学评价，对学生相关中国文化展示进行客观评价，进行过程性评价，线上评价与线下评价相结合，鼓励学生积极参加相关活动，让学生在参与过程中逐渐提高对外传播中国文化的意识，增强对外传播中国文化的自信与能力，充分调动学生学习与传播中国文化的兴趣，使学习文化与传播文化之间形成正向促进作用。

推动中国文化走出去，增强中国文化软实力意义重大，迫在眉睫。高校英语教学也一直承担着中外文化交流的重任。英语学习不能再只局限于了解西方文化，在当代社会发展进程中，更应该丰富学习者的本国文化素养，做到能够理解中国文化，更能够熟练运用英语将中国文化传向世界。因此在今后的英语教学及其他课程教学中如何更好地融入中国文化仍是需要我们不断进行研究的重要课题。同时，该策略也可以扩展到其他专业与科目，提高我国大学生的整体文化传播能力，增强文化自信。

4.1.7 提高翻译技术

习近平总书记将"展形象"作为宣传思想工作的一项重要使命任务，明确表示"推进国际传播能力建设，讲好中国故事、传播好中国声音，向世界展现真实、立体、全面的中国"。

近年来，国家大力推进中国文化走出去，特别是《中华思想文化术语》项目，整理翻译了各领域的中华优秀传统文化代表作品。而这些思想文化术语和典籍翻译在很大程度上仍然是遵循传统的做法，并未充分考虑时代变化，在一定程度上导致这些优秀文化作品的传播效果并不理想。在人工智能时代，要想大力推动中华优秀文化对外国际传播，便要顺应新时代发展的步伐。当前，我们已经处在大数据时代，信息传播已经发生了革命性的变化，主要包括信息传播主体、信息传播渠道和信息传播客体等信息传播环境已有别于传统的传播环境。这样一来，对外文化传播作为传播活动的重要组成部分需要与新时代接轨，通过信息技术和翻译技术手段，提升文化对外传播的信息化、丰富对外文化传播的形式多样化、加快文化产品的本地化，使文化对外传播更能适应信息时代的传播环境。本部分立足于时代变化，尤其是人工智能时代翻译技术对文化传播的影响，考察对外文化传播中采用翻译技术的必要性，探讨翻译技术对文化对外传播的形式及作用，以期更好地提升文化对外传播的效果。

4.1.7.1 AI 赋能时代下的翻译技术

在人工智能时代，翻译技术是在数字人文主义背景下翻译与信息技术手段的交融，是信息时代语言服务行业翻译人员的必备技能，更是翻译生态系统的重要组成部分。翻译技术最初肇始于翻译与计算机的结合，产生了基于规则和基于语料库的机器翻译技术。随着时代的不断发展和翻译研究的持续深入，翻译技术正经历着深刻的变迁，经过 60 多年发展，从基于规则到基于统计，再到神经机器翻译，在不断降低对过程的干预。从效果上看，同等条件下神经机器翻译的翻译质量更好，但仍有很大的提升空间。它能高效处理多语言机器翻译、长距离调序、模型迁移等问题，为机器翻译研究打开广阔的视野。翻译技术发展和繁荣的标志是互联网时代的到来和计算机辅助翻译产品的推广与应用。国内外翻译技术研究人员对翻译技术内涵的阐释主要从机器翻译和本地化两个角度展开。

机器翻译在翻译发展史中有着举足轻重的地位，其发展在一定程度上降低了翻译的成本、确保了翻译产品的质量、提高了翻译的效率。依据机器翻译发展的历程，20 世纪 70 年代以前主要是基于规则的机器翻译、20 世纪 80 年代以后是基于统计的机器翻译、进入新世纪 Google Translate 在线翻译服务的推出标志着数据驱动的统计机器翻译方法成为商业机器翻译系统的主流、近年来基于神经网络的机器翻译取得突破性进展，翻译性能显著超越统计机器翻译，成为当前商业翻译系统的核心技术。在全球化进程中，跨国公司为了谋求在国外的生存与高质量发展都部署有定制化的机器翻译系统，从人工翻译转变成机器翻译，再到机器翻译与译后编辑模式，不断将企业产品推向国际化。同时随着计算机翻译技术、语音识别技术、技术写作技术的发展和完善，这将对未来语言服务行业产生革命性的影响。在新业态下，传统的语言服务模式已经不能满足市场发展需求，信息技术与语言服务的深度融合给新时代的语言服务行业带来新的生机，智能化与信息化的翻译技术手段将推动语言服务行业进入下一个浪潮。

本地化国际标准组织将本地化界定为："Localization is the process of modifying products or services to account for differences in distinct markets"，即对产品或者服务

进行加工以满足不同市场需求的过程。在国内，中国翻译协会将本地化定义为"将一款产品按照特定国家或地区或语言市场的需要进行加工，使该产品满足特定市场上的用户对语言和文化的特殊要求的生产活动"。在本地化的实现过程中所牵涉的语言、服务、管理和信息等技术手段都被称为本地化技术。当然在产品本地化的过程中也会遇到各种各样的难题，尤其是语言和文化的鸿沟难以逾越，语言的适应度在很大程度上成为产品本地化是否成功的重要因素，其承载的不仅是语言之间的沟通，更是文化之间的传播与碰撞。

4.1.7.2 翻译技术与文化对外传播

语言是文化的载体，语言之间的互通则是通过翻译架起沟通的桥梁，为各国文化之间的交流、传播、再现与互鉴提供渠道，推动世界文化的繁荣和社会进步。在人工智能时代，基于神经网络的机器翻译系统能够容纳海量的词汇，同时涵盖多语种、跨行业、多领域等特点，并且在不同的场合下可以达到即时翻译，这对人工翻译来说是一项巨大的挑战，通常情况下人工翻译只是深耕于某几个具体的领域。而机器翻译无论是人们的日常基础信息交流需求，如文本材料翻译、跨国旅行，还是在文化对外传播交流，如文化产品输出、跨文化商务活动等场合都发挥着不可替代的作用。在产品本地化过程中，跨国企业会做好产品的前期市场调研，结合具体国家或者地区的文化差异、风土人情、产品类型、价格接受度等多方面的数据分析，在后期的产品生产、营销策略、产品售后等方面会有目的地满足各个国家和地区的消费者对产品不同需求。因此翻译技术的应用不仅使文化对外传播的信息化不断提高，还丰富了文化对外传播的形式和加快了文化产品的输出。

在文化对外传播的信息化方面，整个翻译项目的运作会综合运用各种翻译技术手段，如信息检索技术、文本处理技术、语料管理技术、译后编辑技术等。总的说来，翻译产品本地化各项业务属于国际化的服务，有着工作量大、交付时间短、客户需求多样等特点。本地化企业为了提高翻译产品的生产效率，会利用计算机辅助翻译工具，如在国内外市场占有率较高的 SDL Trados、Déjà Vue 等，调用已有的翻译记忆库和术语库来实现术语和译者风格的一致性。在传统的文化对外交流中纸媒占据着重要的地位,但是主要靠人工完成文化产品的翻译,效率低下、时间持久,严重阻碍文化产品的输出效率和文化对外传播的目的。而在大数据时代背景下,本地化企业能够利用各种翻译技术手段缩短产品的生产周期、加快产品的生产效率并准确瞄准客户的所需,且在技术手段上使翻译文化产品更具信息化,从而提高文化对外传播的信息化程度,提升文化的对外传播效果。

在文化对外传播的形式上,美国哈佛大学教授约瑟夫·奈(Joseph Nye)在阐释文化吸引力时强调了一种重要的思路,即通过文化产品自身的吸引力来实现文化传播的效果,而不是强迫他人接受某种文化价值观。这种理念强调了文化传播的自主性和包容性,认为只有当文化产品具有足够的吸引力和品质,才能真正赢得人们的认同和喜爱。在当今信息化和全球化的时代,翻译技术手段成为推动文化传播的重要方式之一。通过影视字幕翻译等技术手段,我们可以将本地化翻译产品应用于各种新媒体平台上,如在线视频、社交媒体等,从而丰富了文化对外传播的形式和渠道。这种方式不仅可以使文化产品更加贴近目标受众的语言和文化背景,也能够提升文化产品的吸引力和影响力,使其更具有竞争力和市场价值。

以"中华思想文化术语"项目翻译为例,我们可以创新其文化对外传播的形式,使其囊括的优秀传统文化摆脱原本呈现的状态。如其中的名篇《论语》的翻译。首先,在翻译策略上要借助翻译技术手段全面呈现主体间、文本间和文化间的复杂互动关系,考虑采用创译或改写等策略形式满足不同群体读者的需求。其次,要充分了解目标读者做到知己知彼,尤其是在开发产品之前要做好目标市场的调研工作,如对产品的版面设计、文字排版、字体字号及颜色搭配等方面做足功夫,同时针对不同年龄段的读者考虑开发不同版本、不同系列的本地化产品,从而以不同的类型呈现给读者。再次,"中华思想文化术语"项目翻译的输出形式虽然采用动态网站的形式,突破了传统的纸质形式有一定的创新,如果进一步借鉴本地化的经验,可以考虑采用不同的载体形式来呈现其中的内容,打破固有的思维模式。如利用大数据时代的多模态形式,从不同的视角给目标读者带来文化盛宴,以增加优秀文化产品的趣味性。同时还要做好名篇当中文化负载词的翻译,大部分文化负载词都包含着人物典故、历史事件等,这些内容在网站呈现出来多是供国内读者来阅读，而项目设计中也应考虑国外受众的情况，设计目标市场的本地化产品网站。通过多样化形式对历史事件、人物典故进行描述来实现中华优秀文化的可读性，增强文化对外传播的吸引力和影响力。

4.1.7.3 加快文化产品的对外输出

翻译家尤金·奈达（Eugene A. Nida）将语言中的文化因素分为五类：生态文化、物质文化、社会文化、宗教文化、语言文化。倘若文化产品在对外输出中能够将以上五类因素全都考虑在内，那么就能够达到很好的对外传播效果。当然，跨国企业在产品本地化的过程中不仅仅要考虑翻译技术层面的问题，还需要考虑对方国家或者地区对于文化产品的需求，结合目标语市场的实际情况制定合理的营销策略。在大数据时代背景下，放眼全球的国际化企业在不同程度上已经采取各种手段对外传播本国文化，这一传播形式为各国所利用。英国学者贝茨·吉尔（Bates Gill）曾指出："就文化吸引力来说，中国资源丰富，但她不善于推销文化产品"，这样的提法值得国人深思。以中华优秀传统文化的对外传播为例，在对这些优秀的传统文化进行本地化的过程中，作为文化产品的输出方需要对目标市场做出全方位的调研，根据国家之间的文化差异、风土人情以及对产品的不同形式的需求，再考虑选择何种形式何种载体输出文化产品。在文化产品走出去的道路上，不应该只站在国家战略的高度来审视中国文化，还需要换位思考，采用对方喜闻乐见的形式融入其中。

4.1.7.4 文化对外传播面临的困境

"加强顶层设计和研究布局，构建具有鲜明中国特色的战略传播体系"，这既是当前我国国际传播能力建设的总体任务，也是对中国文化走出去的理论创新研究提出的具体要求。党和国家历来高度重视中国文化走出去。20多年来，尤其是党的十八大以来，包括中国文化走出去在内的我国国际传播工作取得了一系列重大成绩，中国文化走出去战略在推动中国文化走向世界等方面作出了重要贡献，成为我国全方位对外开放格局中的重要组成部分。

对外文化传播在塑造国家形象、展示国家文化方面扮演着至关重要的角色。

它不仅是国家软实力的重要组成部分，也是展示国家文化的主要舞台和方式之一。通过对外文化传播，一个国家可以向世界展示其独特的文化底蕴、历史传统和社会价值观，从而增进各国之间的相互了解和友好交往。然而，当前在文化对外传播的过程中，仍然存在着诸多困扰和挑战。

（1）语言文化的差异

语言符号是文化的载体，文化与翻译有着天然的鱼水关系，作为语言符号转换的翻译是连接文化传播与沟通交流重要方式。无论采用何种译法，是"归化"还是"异化"、是自反还是杂合、是直译还是意译、是"传真"还是"达旨"，其根本任务都是追求对外文化传播效果最大化。然而，英汉两种语言隶属不同的语言体系，其所呈现的不仅仅是独具特色的语言符号差异，更蕴含着民族之间思维方式、文化背景的不同。蕴含民族特色的文化内容势必在对外翻译中受到不同程度的损失，这是无法避免的。而翻译技术的快速发展尤其是基于神经网络的机器翻译的进步，能够对海量的语言资源深度学习并记忆特有的文化印记，这在一定程度上弥补文化差异而造成的信息翻译丢失。

（2）传播渠道不畅通

目前，我国文化对外传播的主流渠道依然是电视、出版译作及建设网站等媒介，在此之中，以英语或者其它语种为媒介的传播渠道依旧稀缺，电视频道中CGTN具有较高的国际对外能力，主流的外语类网站建设及中国文化外译作品数量有所加强。同时中国优秀的思想文化对外译介和发行的渠道仍然受阻，不利于中国优秀的思想文化在国外市场的传播。总的来说，要进一步提升文化对外传播，一方面要不断拓展文化对外传播的渠道，实现翻译技术与新媒体领域的有效结合，另外要发展多语种网络新媒体提升中国文化的吸引力和影响力。

4.1.7.5 翻译技术对文化传播的作用

翻译技术在文化传播中发挥着日益重要的作用。首先，翻译技术促进了不同语言和文化之间的沟通和交流，为文化产品的跨国传播提供了便利。其次，翻译技术的发展推动了人工智能和机器翻译的融合发展，实现了人机协同翻译的模式。另外，翻译技术融入新媒体行业也为文化传播带来了新的发展机遇。

(1) 文化传播中融入翻译技术

文化之间的交流与沟通依赖语言符号之间的转换，而语言符号的转换不仅要做到字面意义的等值，更要做到文化意义上的对等。做好语言符号间转换的前提是深入了解彼此的文化并熟知文化之间的差异，在此基础上采取灵活的翻译策略适应目的语的文化语境。在翻译技术的时代，译员不能只讲求翻译的速度和效率及语言文字表面上的正确，还需要将独具特色的文化元素和符号呈现在目的语中，同时加强神经网络对语言文化的深度学习使得翻译技术发展与文化传播相互促进，进一步实现语言与文化等值转换。

(2) 推动人助机译和机助人译融合发展

传统的人工翻译在现代语言服务行业的冲击下受到极大的挑战，而人工智能时代翻译技术的快速发展已经渗透到人们日常生活的各个领域，提高了翻译的速度和效率，也在很大程度上提升了译文的质量和一致性。但技术的发展带有自身的局限性，本地化翻译过程中独具民族特色的文化元素的翻译差强人意，如"四书五经"、"四世同堂"、"文房四宝"等文化负载词，以及中国古代古诗文的翻译无法达到韵律与形式上的对应，未能达到许渊冲先生提出的"音美、形美、意美"的翻译标准。这样的文化对外传播效果不只是文化上的扭曲传递甚至会造成对中华优秀传统文化的误读。因此人助机译和机助人译应运而生，要翻译技术的东风实现机器翻译与人工翻译的共同发展，对于成熟的语言文化资源构建大规模的数据库，结合文化产品的输出形式采用恰当的载体实现高质量、高速度、高标准的翻译，加快文化对外传播的进程。

(3) 加快翻译技术融入新媒体行业

在大数据时代，尤其是近20年来人类信息的总量已经超过自人类产生以来100万年产生的信息总和。新媒体行业的飞速发展使得以互联网和数字技术为基础的海量信息以不同的载体呈现在人们的生产生活中。随着人们物质生活的极大丰富，人们在精神上也有更高的追求，如在出国旅行中对翻译的即时性和本地性的需求不断增长，而这一功能的关键在于翻译技术的引入，实现了产品的本地化翻译。因此翻译技术的应用在一定程度上推动了本地化行业的发展，同时又催生了一批新媒体行业的发展。从文化产品本地化的角度看，只有持续提升翻译技术并将其融入到新媒体语言服务行业和本地化产品服务上,利用新媒体行业将本地化产品输出到国际市场,才能提升文化对外传播的影响力。

我们要借助大数据时代的利器,将翻译技术应用到文化产品本地化中,以新媒体行业为载体让目标域的国家或地区对中华优秀传统文化从陌生到了解再从了解到深入理解,这样层层推进最终达到认可并接受的程度。传播力决定影响力,话语权决定主动权。我们要保持战略定力,积极主动做工作,创新文化对外传播的形式、丰富文化产品输出的本地化进一步提升对外文化传播的效果。

4.2 社会组织主导中华文化传播

我国文化走向世界是一个综合性的系统工程,既需要通过官方渠道,由政府部门主导进行推动,也需要通过民间渠道,由社会团体、社会组织等非政府组织力量来共同实施。随着我国改革开放的深入,越来越多的民间机构、企业、社会团体积极参与文化走向世界的相关活动,政府应该积极鼓励、引导、整合,支持文化企业、民间组织、社会团体等非政府组织在对外文化交流中发挥更大的效力。社会组织相对于政府与企业,既没有政府的政治性,也没有企业的逐利性。因此其传播更具有灵活性、公益性,在传播内容与方式上也具有较大的选择性,从而具有较大的发挥空间。

4.2.1 强化产业建设

我国各类与文化相关的非政府组织近年来在国际上活动频繁,将中华文化推向海外,成为我国文化走出去的重要力量。非政府组织的活动方式通常都比较灵活,而且能够做得比较专业,通过专业的交流引起双方的共鸣。而且非政府组织的活动不太容易引起对方的反感,因为意识形态和政府行为比较弱,因此容易融入到当地民众中去,从而产生较好的传播效果。比如,1986年7月成立的中国对外文化交流协会是我国对外文化交流活动中影响非常大的非政府组织,其宗旨是通过开展同各国之间的民间文化交流与合作,繁荣人类的文化事业,增进中国人民同世界各国人民之间的相互了解与友谊。是从事国际文化交流的全国性社会团体。另外一个对外文化交流组织——中国国际文化交流中心，也是从事对外文化交流的全国性社会团体，其宗旨是：通过民间的国际文化交流，加强中国人民与世界各国、各地区人民的相互了解和友好合作，为我国经济发展、科学进步、文化繁荣服务，为促进世界和平做出贡献。

当前我国文化产业是相当落后的，仅仅还是起步阶段。从文化传播角度来看，文化产业不单纯是产业实体，更是重要的传播途径。一般来说，文化传播分为非产业性传播和产业性传播。其中非产业性传播，往往是由政府起主导作用，常通过各种非盈利性的文化交流、互动等形式宣传并推广本国文化。而产业性传播，则往往由市场起主导作用，各个国家或地区将各种文化资源加工成文化产品，积极通过文化贸易的形式向外推广。在与非产业性传播对比中，可知产业性传播的接受者更具主动性和积极性。而从经济发展和国家竞争力角度看，文化产业不仅是一个产业，同时也是国家软实力的重要体现。通常经济越发达的国家，在文化传播中其产业性文化传播所占的比例就越大。因此，加强文化的产业建设已成传播中华文化的当务之急。

4.2.2 加强对外教育

语言是人类心灵沟通的桥梁。通晓对方的语言，是读懂对方心灵、相互理解信任的基础，也是实现国家对外政治、经济、文化利益的手段。美国语言学家萨丕尔强调说：人的独特性正在于，人能通过语言的传播建构自己与世界的一体化关系——人类不只是生活在客观世界之中，也不仅仅是生活在社会行为的世界之中，还受制于特定的语言环境。在这个意义上，语言就成为人们在社会生活中表达自己的媒介。主要发达国家都十分重视本国语言的国际推广，并把语言输出作为传播自己的文化和价值观，使本国的文化在世界多语言和多文化的格局中占据重要地位。美国一直重视英语的推广，并把语言和文化的国际推广提升到国家安全的高度。美国国际外交咨询委员会指出："对外交流和培训对美国的对外关系有着直接的和多重的影响，是其最有价值的工具之一。""对世界文明以及语言的忽视将导致我们作为世界领导人的地位受到威胁"。

语言既是文化的载体，也是文化形态的典型代表，根据文化发达国家的经验，语言的国际化是提高文化国际影响力的主要手段，所以，汉语的国际化有利于中国国家文化软实力的增强和中国文化走向世界。应该说，近些年来，中国在积极推广汉语国际化方面取得了重大突破。早在1987年，我国就成立由众多个国家部委联合组成的"中国国家汉语国际推广领导小组"，并设立专门汉语推广机构——国家汉语推广办公室。1990年中国国家汉语水平考试（HSK）也正式开始实施，大大加强了汉语在世界上的推广。2004年11月，又在海外成立了以教授汉语和传播中国文化为宗旨的非营利性公益机构——孔子学院（ConfuciusInstitute）。同时，电视孔子学院、网络孔子学院也开通并成功运作。此外，中国政府还在海外设立了中国文化中心等机构。

首先，要积极依托海外孔子学院加强中华文化的对外传播。近三十多来，中国经济高速发展，中国国家地位和影响力不断提升，对外经济文化交流活动日益频繁活跃，汉语地位和国际需求也随之水涨船高，由此孔子学院作为中国语言文化外交代表性机构便应运而生，并成为当代中国"走出去"的文化符号。当前孔子学院多是采取中外合作的方式进行建设和运营，中外合作的方式通常可与国外合作方建立一种集体身份，从而形成协同发展的模式，能够有效规避因国情、价值观念和文化信仰差异而导致的文化信息的不对称和误读，能够更快融入当地，获得文化认同。

孔子学院已成为中国和世界各国交流和合作的重要平台，截至2015年12月1日，中国在全球134个国家和地区建立了500所孔子学院和1000个孔子课堂。中华文化可以借助海外孔子学院这个重要平台，将中华文化融入孔子学院的办学内容，为更多的海外受众了解中华文化打开了一扇窗户。从2010年开始，国家"汉办"与中华文化国际交流协会的合作，在90余个国家及地区的孔子学院开设茶文化课程，让众多学生可以亲身感受和接触中华文化的博大精深。2014年，由浙江农林大学和塞尔维亚诺维萨德大学合作共建的诺维萨德大学孔子学院，在诺维萨德大学揭牌成立，这是全球首家以传播茶文化为特色的孔子学院。近年来海外孔子学院茶文化教学呈明显"升温"趋势，茶文化课程成为孔子学院最受欢迎的课程内容之一。在此背景下，孔子学院要更好地传播中华文化，应该要加强针对性研究，在完善孔子学院中华文化师资队伍和国际规范化标准化教材建设基础上，针对不同国家、不同人群，形成地区—国家—国际的发展模式，增强中华文化对外传播的效果。

其次，要充分依托国内外高校和研究机构，加强中华文化对外传播。目前在国外高校中，有中华文化相关专业的主要是日本、韩国，在欧美高校中有关亚洲文化的专门课程和研究中，也会涉及中华文化的内容。随着中国影响力的提升，中华文化不断对外传播，中华文化的课程当前已进入美国部分高校，也必将进入更多国外高校。国外各级各类的有关中华文化教育、科研合作和学术交流，十分有助于培养本土化的、了解中华文化的人才，促进国际型专业队伍形成，推动中华文化走向世界。

在国内高校中要充分抓住留学生的培养，积极加强对外教育，充分发挥文化摇篮作用，培养外国留学生成为中华文化的传播者。近几年来，每年来华的留学生已近40万，据2015年的数据统计，共有来自202个国家和地区的留学生来到中国学习。其中大半以上来中国的留学生学习的是汉语言或文科专业，因此可以加强留学生培养结构的优化，在课程体系设置中，适当增加中华传统文化的内容，这是一种很好的对外传播形式。同时在保证教学质量的前提下，合理规划留学生的培养规模，积极优化留学生国别结构。当前来华留学最多的是来自亚洲，尤其是韩国留学生，非洲留学生也成迅猛增长势头，而欧美来华留学生数量相对偏低，因此适当调整结构，有策略的增加国家支持力度，增强对欧美留学生的吸引。通过培养高素质的、了解甚至喜欢中华文化的留学生，或将对中华文化的对外传播起到积极的推动作用。

4.2.3 加强国际交流

推动中华文化的对外传播，加强文化的国际交流是十分必要的。国际性有影响的文化领域的交流会，可以促使各国、各组织、各企业的文化的交流和合作，搭建起沟通的桥梁和纽带，对中华文化而言也是很好的宣传展示的平台。

第一是多元的文化艺术交流平台。包括重要节日和纪念日，如"欢乐春节"文化传播活动；友好省州、友好城市之间的主体文化交流活动；文化年、文化节、文化周、艺术周、电影周、电视周和书画展、文物展等平台；我驻外机构的文化宣传推介功能等。

第二是对外文化中介机构。在对外文化传播过程中，文化交流中介的作用必不可少。因此，鼓励和培育对外文化中介是对外文化传播的重要环节，我们应该在政策和财政上出台政策措施，大力发展、扶持各类对外文化中介机构，鼓励非政府组织、各民间团体和组织、文化企业和个人参与对外文化传播与交流活动。

第三是对外学术交流机制。学术上的交流可以提升中国文化的对外影响层次，增加中国文化在国外的美誉度、知名度。对外学术交流，主要的形式是与国外的社会科学机构、国外知名汉学家、中国问题专家、相关学者以及知名人士的文化交流及其于国外研究机构的交流与合作。

第四是做好海外文化中心的建设。长期以来，海外文化中心是世界很多国家惯用的文化交流方式，它具备直观、便捷的特点，外国民众可以直接通过文化中心了解本国的经济、政治、历史、文化、社会、民俗等各方面信息，充当传播国与受众国民众之间的窗口和桥梁。

第五是充分利用当代文化传播的多样化新型载体，研究互联网、卫星直播、影视、动漫游戏等传播方式的特性，最大化发挥其传播效力，使其成为推动中国文化"走出去"有效传播载体，提升中华文化对外传播的效果，扩展中华文化的辐射广度和深度，提高中华文化海外传播话语权，保证中国文化能够灵活有效地传播出去。

4.3 发挥企业的主角作用

发展文化产业是提升国家软实力的战略制高点。有些学者甚至认为，"在21世纪，国与国之间的胜负决定于文化产业。"对于我国来说，文化产业发展既能满足人民群众精神文化生活的需求，又能创造良好的经济社会效益，还是增强国家文化软实力、扩大中华文化影响力的重要手段。提升我国文化的国际竞争力，不仅要积极发展、壮大我国的文化产业，而且还要不断扩展产业国际化发展的空间，通过走国际化发展道路，为中国文化走出去创造机会。一是建设海外文化产业集聚区。也可借鉴类似经贸合作区、工业园的成功模式，直接在海外建立文化产业基地。二是发展外向型文化企业。国家要实行积极的外贸和财政政策，鼓励、扶持文化咨询、演艺、影视制作等机构和企业走出国门，加强与境外媒体的交流与合作。通过到海外设立分公司或办事机构等方式，寻求国际化发展。支持重点主流媒体在海外设立分支机构，支持其做大做强。

在全球化的浪潮下，企业扮演着中华文化对外传播的关键角色。经济全球化的加剧使得企业成为中华文化传播的主角。积极参与市场竞争，充分发挥市场经营主体的作用，是促进和扩大中华文化对外传播的有效途径。企业在对外文化传播中应当加强自身文化营销，打造具有影响力和竞争力的文化产业品牌。通过精心策划和推广，提升企业文化产品的知名度和美誉度，使其成为引领潮流、传播文化的重要力量。同时，企业需要加强市场分析和渠道管理，把握文化传播的市场需求和趋势，开拓多样化的传播渠道，以满足不同国家和地区的文化需求。

此外，企业还应激发文化产业的对外营销活力，积极参与国际文化交流与合作。通过组织文化活动、举办展览会、开展文化交流项目等方式，促进中华文化与世界各国文化的交流互鉴，提升中华文化在国际上的影响力和竞争力。企业的积极参与和努力将为中华文化的全球传播注入新的活力和动力。

4.3.1 加强中华文化产业营销

中华文化产业要做好文化营销，需要了解海外市场需求，还需要高度关注海外受众的文化环境、文化取向等是必不可少的。文化可以大幅提升产品的价值，这是不争的事实。中华文化产业是具有高文化附加值的产品，而过去到现今的很长一段时间，中华文化产业对外贸易中突出的问题，就是大部分文化企业以单纯销售产品为目的，对中华文化宣传涉之甚少；而部分企业有意识进行文化营销，则形式较为单一，也多限于产品包装、产品介绍、企业文化介绍等，只附带宣传中华文化。

在对外贸易中，中华文化产业的价值还未完全体现出来，因此未来中华文化企业在文化对外贸易中的主题和重点，就是要积极进行文化营销。所谓文化营销就是在中华文化对外贸易中，以中华文化为载体，传播、演绎中华文化，能够让消费者通过产品去感知文化的内涵和魅力，让其在获得文化产品需求的同时，也逐渐对中华文化形成情感认同。文化营销是企业营销活动的高级阶段，是国际竞争的战略制高点，企业应以中华文化为出发点和立足点，积极进行文化营销，传播中华文化，以此充分展现中华文化产业的价值。

受众的购买行为受需求的制约，但归根结底是文化背景的制约。在这方面，恐怕文化企业需要加强学习。在了解海外市场需求和受众文化背景的基础上，中国企业还应积极采取合理的文化营销模式，将中华文化理念有机融入到营销模式中，从而形成一个市场营销和文化价值相互传递促进的过程，引起价值共鸣，才能更好推动受众接受中华文化。文化营销模式是多元化的，在实践中常见的有文化产品模式（一般是将中华文化与产品两相结合，把产品作为文化营销载体）、文化服务模式（一般是中华文化活动参与社会公益、文化事业来贡献社会、服务社会），以及上述两种模式兼而得之的混合模式，这需要中国文化企业积极去探索。

4.3.2　打造中华文化品牌

品牌是一个企业的灵魂，品牌竞争力是企业的核心竞争力。品牌在文化传播中有着不可估量的价值，一个"立顿"品牌就将英国下午茶文化带向了全世界。推动中华文化的对外传播，振兴中华文化品牌对外贸易，迫切需要积极打造中国的文化品牌。一直以来，中华文化品牌的问题就是规模小、集中度低、品种多品牌少、缺乏国际竞争力，被称为"没有品牌的大国"。但中华文化历史悠久，品种多样，富有内涵，企业在对外文化传播上有着自身特有的优势，有责任感和雄心的企业，应当以振兴中华文化品牌为己任，积极打造中华文化品牌，向世人展示和传播中华文化的精髓。世界范围内比较成功的，如立顿茶饮走的是工业化、便捷化道路，星巴克茶饮走的是时尚化、年轻化的道路。要打造中华文化品牌该走什么道路呢？目前没有一个统一的认知。但有几个方面是比较明确的，需要中国文化企业积极为之努力。

首先，要立足于文化品质。品质是品牌的基础，是品牌的保障，也是品牌的生命。中华文化品质具有很大的模糊性，产品质量良莠不齐，缺乏有效管理，一般消费者往往通过价格确定质量，造成中华文化品牌市场很不成熟。因此有必要在文化产品品质管理中引入标准意识，加大产品生产技术标准和规范的实施力度，在生产环节实现质量标准控制，推动中国特色的标准化生产，推进产品经营的规范化、科学化和规模化。另外必须要解决文化产品质量安全问题。中国不乏优质文化，甚至国人一直认为，世界最好的文化在中国。但在国际贸易中，中国文化产品却经常因一些低质量问题而受阻于国门。因此，中国文化企业首先必须保障文化产品的质量安全，这是中国文化走出国门，走向世界的基础。

其次，中国文化企业要强化国际意识和品牌意识。中国文化企业国际意识相对缺乏，一方面大部分企业只盯在国内市场，造成国内市场恶性竞争；而另一方面在国际市场缺乏品牌意识，出口产品主要是按照国外标准，把质优价廉的产品出口到国外，挣的是资源钱、辛苦钱、血汗钱。因此，中国文化企业应该树立国际意识，瞄准国际市场这个广阔的空间，积极强化品牌意识，注重品牌建设，品牌才是开启国际市场的金钥匙。

第三，要注重文化品牌市场营销。在经济全球化下，市场营销越发成为品牌建设的重要路径。总体而言，中华文化品牌的市场营销相对传统，还处在初级阶段。与传统快消品烟、酒的市场营销相比有明显的差距。中国传统文化的产业突破，核心问题关键在于市场运作。文化产品需要有效的品牌战略，通过强化品牌创意与营销策划，依靠清晰的产品定位、巧妙的概念设计和有效的传播来实现品牌的价值。同样需要充分利用国内外展示展销平台、网络和电视等媒体，积极加大品牌宣传和推介力度，从而通过创新的渠道模式和运营管理策略，积极构建强大的销售渠道体系，扩大品牌影响力。

4.3.3　细分国际市场

中华文化对外传播的受众问题，从企业文化营销的视角看实际就是客户问题，不同区域、不同文化背景、不同消费倾向的客户对中华文化有着不同的态度，因而在营销策略和方法上就有所差异。从中华文化对外传播受众来说，如前所述主要分为东方文化圈受众和西方文化圈受众，但从企业文化营销来说，市场仅分为东方和西方是不够的，应该对客户进行具体细分，方能采用合理的差异化策略，更为有效地实施营销。

根据中华文化对外传播和中国文化产品对外贸易的基本情况，我们可将国际市场进行如下细分：

一是华裔区市场。华裔在世界范围内分布广泛，这里主要指的是东南亚和美欧的华裔集中分布区域。无需赘言，因"文化的基因遗传"，华裔中有一批人继承或保持了一些中华文化的基因。华裔也是中华文化对外传播的主体之一，比如东南亚是华裔在世界最集中的区域，正因为华裔的存在，东南亚成为中国茶叶贸易的重要区域。

二是东亚区市场。由于深受汉文化的影响，东亚地区，尤其是以日本和韩国为主体的国家，拥有一定的中华文化基础，并且逐渐形成了自己独特的文化特色。随着中国的崛起和影响力的增强，中华文化在东亚地区的影响力呈现出逐渐上升的趋势。在东亚地区，人们对中国的文化传统、历史和价值观有着较高的认同感，对中国文化的兴趣与日俱增。中华文化在东亚地区的传播受到了广泛的欢迎，成为东亚文化交流的重要组成部分。同时，东亚地区也在不断吸收和融合中华文化，使得中华文化在该地区的影响力得到进一步加强。

三是中亚等区域市场。除了东亚地区，中亚和阿拉伯国家也是中华文化对外传播的重要市场。由于宗教因素的影响，该区域在饮食方面对中国产品有着较大的需求，尤其是在近年来，中国产品在该地区的贸易持续上升。中亚地区作为丝绸之路的重要节点，与中国有着悠久的历史渊源和文化联系。中国的文化产品在中亚地区备受欢迎，尤其是中国的传统工艺品、茶叶、丝绸等产品深受当地人民喜爱。

同样地，阿拉伯国家也对中国的文化产品表现出了浓厚的兴趣。中国的茶文化、传统医药、丝绸等在阿拉伯国家具有一定的市场影响力，受到当地居民的青睐。

四是欧美区市场。历史上，中国的商品在欧美市场曾经引领一代风尚，如中国的丝绸、瓷器等产品在欧美享有盛誉。然而，随着国际竞争的加剧和全球化进程的深入，中国在欧美市场的地位和影响力面临着挑战。为了重振中国产品在欧美市场的雄风，中国企业需要加大对欧美市场的开拓和投入。这包括提高产品质量和品牌形象，拓展销售渠道，加强营销推广等方面的努力。同时，还需要加强文化交流与合作，通过文化活动、艺术展览、电影节等形式，增进欧美人民对中国文化的了解和认知，从而增强中国产品在欧美市场的竞争力和吸引力。

五是非洲区市场。随着中国在非洲的影响力不断提升，两国之间的经贸合作也日益密切。中国产品在非洲市场的销量持续增长，尤其是一些特色产品如茶叶等，在非洲市场备受欢迎。中国与非洲的贸易合作不仅促进了双方经济的发展，也为文化交流和传播提供了契机。中国产品的不断流入，使非洲人民更加了解和熟悉中国文化，增进了双方人民之间的友谊和互信。

六是其他区域。随着全球化的推进和信息技术的发展，中华文化产品在一些新兴市场和潜在区域逐渐崭露头角，展现出了巨大的发展潜力。这些新兴区域可能包括一些经济发展较快、文化需求不断增长的地区，例如拉丁美洲、东南亚、中东地区等。在这些地区，人们对于中国文化的兴趣日益增加，对中国传统文化、语言、艺术等方面的了解和需求也在逐步提升。在这样的背景下，中华文化产品有机会在新兴区域迅速扩张。通过加强对当地市场的了解和研究，企业可以根据不同地区的文化特点和消费习惯，开发出适合当地需求的文化产品。同时，利用互联网和新媒体平台进行推广和宣传，也可以有效地提升中华文化产品在新兴市场的知名度和影响力。

由于文化差异和文化认知程度的不同，受众对他国文化产品的接受程度是截然不同的。所以，还要对国际文化细分市场的充分认识和把握，切实做到有的放矢，以减少文化折扣，提高文化交流的效果。在对外文化贸易过程中，中国要根据自身的优势和国外市场的消费特点，优先选择文化相似性高、贸易折扣度较低的文化产品作为中国文化出口的主打产品，参与国际文化市场的竞争。文化产品可以成为中国对外文化传播和对外文化交流的有效载体。

4.4 鼓励个人广泛参与

个人也是中华文化对外传播中不可缺少的主体。中华文化比较注重个人体验和感受，如果能够让更多的个人参与其中，这将大大推动中华文化的对外传播。个人在传播文化中一般主要包括相互联系又有区别的人际传播和个人传播，要推动中华文化传播，需要从这两方面予以加强。

4.4.1 加强人际传播

人际传播是日常生活中最常见、最直观、最多样的传播现象，在传播渠道多样化的今天，人际渠道在文化传播过程中仍发挥着不可替代的作用。人际传播从广义而言，指个体与个体、个体与群体、群体与群体之间，通过个人性媒介（包括面对面时使用的自身感知器官和非面对面时所使用的个人性通信媒介，如信函、电话、手机等）进行的信息交流传播方式。

一个国家要成功实施对外文化交流，既要发挥政府的主导作用，也离不开民间力量的有力协作和配合。既要在充分调动国内智库、媒体、公众等非政府行为体的主观能动性和作用的同时，还要培育包括国外非政府组织等在内的力量，发挥其文化桥梁纽带作用，促进中外文化交流的深入发展。冷战结束后，国际舞台上的非国家行为主体日趋增多并日渐活跃，是国际关系发展、变化的一个重要特点。在当前，中国的对外文化关系发展固然要积极吸引国内人民的广泛参与，但也要更多地利用在华的外国人，特别是中国文化研究学者、留学生、访华学者作为中华文化的代言人，为中国作注解，以矫正视听。这对提高中国文化软实力发挥着不可替代的作用。因为他们的宣传、演说相比起中国人来其准确性和说服力往往能得到人们更多的信赖。约瑟夫·奈曾说："美国最有说服力的发言人不是美国人，而是了解美国优劣的当地代言人。"此话可谓一语中的。

因此，在中华文化对外传播中，不同层次的社会人员扮演者不同的角色，本节将从国外非政府性组织、文人艺人、海外华侨、海外留学生、国际友人等方面展开叙述。

一般来讲，非政府性主体主要是指："除统治集团中的执政集团外的一切力量，是指一切不能代表国家，不能以国家和政府名义处理外交事务的政党、集团、组织、企业、学校、团体以及有影响的个人等"非政府主体具有力量宏大、群众基础雄厚等优势。在当代国际关系民主化蓬勃发展的大背景下，非政府主体不但对国家政府外交决策起着越来越大的影响，而且还能够利用传统的组织手段和新的通信技术来充分发挥其世界影响力。在当前国际形势背景下，中国文化走向世界，加强对外文化交往，不仅仅要与国外官方主体交流，也要加强非政府性主体之间的交流，比如非执政的政党、议会中非执政的党团、科教文卫方面的非政府组织等等。以促进中外人民之间的心灵沟通和友谊合作，为中国的和平发展创造良好的软环境。

文人艺人可以通过著书、传教、讲学、学术、音乐、戏剧、电影等方式传播中华文化。比如老舍的《茶馆》有多种语言的译本，还被编成话剧，拍成电影，在对外传播中华文化中形成了一定影响。

海外华侨，尤其是散居在世界各地的华裔，随着中国经济发展强劲，不断走出去的中国商人，他们都是中华文化很好的传播者。人是生活在各种人际中的，中华文化对外传播是不能离开人际这种基本传播的。因而推进中华文化的传播，应该积极运用人际传播的优势。长期以来，华侨华人生活在海外，居住在不同的国家和地区，成长背景和生活环境各不相同，但是"同源同宗"、"同文同种"是海外华人共同的特点，海外华文教育被视为"留根工程"和"海外希望工程"。由于他们了解中国，其观点也较为客观公正，所以，海外华人华侨也是中华文化走向世界的重要传播者，是在海外展现中国形象的重要窗口和促进国际理解的最好的"民间大使"。正如有的学者所说："与住在国外民众联系广泛，熟悉中外文化，熟悉海外文化市场的运作模式和发展趋势，在推动中华文化走出去中具有独特优势。"因此，中国必须加强与海外华侨华人社会的联系与合作，依托和发挥海外侨胞的平台、桥梁和纽带作用，特别是华文媒体向华侨和侨居国人民大力宣传和介绍中华文化，使住在国政府和人民更加认识和了解当代中国文化，从而使中华文化在与当地主流文化的不断交融中不断扩大自身的影响力。因为有数据表明，目前国外华语传播媒体的数量和分布范围并不弱于英语传播媒体。若能利用他们的力量和管道，积极吸引这些海外华文传媒参与传播中华文化，将大大提升中华文化走向世界的效果，提高中华文化的海外知名度。

海外留学生的交流是对外文化交流的重要组成部分，是推动文化走出去的良好途径。马修·弗雷泽曾这样评述美国的留学生交流："软实力也包括有助于输出美国模式的艺术交流和学术机构的安排——比如巡回展览和学者交流项目。如果外国学生在美国攻读学业,他们学成回国的时候,已经在美国深深经历了美国价值观、生活态度和思维方式的浸染。"我国也非常重视招收国外留学生工作,自新中国成立开始,留学生教育就已经是中国高等教育的组成部分。根据最新统计数据显示,2014年度,有203个国家和地区的377054名各类外国留学人员在我国31个省、自治区、直辖市的775所高等学校、科研院所和其他教学机构中学习,比2013年增加20555人,增长比例为5.77%。留学生即是一个国家文化的学习者,同时也是一个国家文化的传播者。加强留学生教育和交流既可以推动中外之间的文化交流与合作,又是中华文化传播出去的良好方式。这些"知华派"留学生回到自己的母国,就成了中华文化的"自觉宣传员",提高了中华文化在国外民间的认可度和传播效果。为此,国家要把培养海外留学生上升到提高国家软实力的战略高度,加强来华留学生的教育力度。

国际友人身份特殊,他们有着不同于常人的天时地利与人和之优势。一方面,他们一般在当地有一定的社会地位,有较大的社交圈子和影响力;另一方面,他们对中国文化的研究比较客观、理性,不易受意识形态的束缚,因此其对中华文化的认识更客观、公正,更具信服力,更易影响主流社会,甚至影响所在国对外政策的制定。他们不仅在促进政府间开展文化交流方面能够发挥积极作用,而且在促进更广泛的民间文化互动方面起到桥梁纽带作用。充分发挥这些国际友好人士的作用,最大限度地开发这些"软资源"和"软资本",对全面展示中国的文化风貌,提升国家的国际形象有着极为重要的现实意义。

从中华文化对外传播来看,积极对外国政要、贵族、上层人士、名人等意见领袖施加影响,利用他们的示范作用,对促进中华文化对外传播有着不可估量的效果。如早期中华文化传到英国,正是英国贵族的带领下,迅速风靡欧洲。加强人际传播,还应当注意人际传播环境的变化。随着社会的不断发展和传播技术的变迁,人际传播的形式正朝着多元化和开放化发展。而世界人才交流、学术交流和经济往来等活动的频繁,也给人们主动参与和自愿组合各种人际关系创造了有利条件,使得传播内容与形式也逐渐多元化,从而人际间的沟通和交流内容也扩大到社会生活的各个方面,人际交往的纽带由一元转向多元,因此中华文化对外传播也要求新的形式，2015 年米兰世博会"中华文化周"就是一种很好的创新，在全球化传播中进行了有益尝试和探索，取得不错的效果。此外，加强人际传播，需要将新技术，尤其是当前的新媒体技术嵌入到传统人际传播中，增强传播的速度，增强人们主动传递信息、表达意见的欲望，才能真正更好地增强传播效果，推动中华文化的对外传播。

4.4.2 加强个人传播

个人传播是一种真正的个人化、个性化和互动化传播，能脱离时空和范围的限制，传播内容易于存储和长时间完整保存。个人传播尚是一个全新的概念和实践，目前在学界未有公认的定义，一般主要指一种个人与个人、群体之间的信息交流活动。与传统的人际传播对比，两者具有一定关联，均是由个体发起的传播活动，但人际传播偏向人类自发的日常性传播行为，而个人传播主要是个体有意识有选择的行为，因此两者的传播形式、目的、范围有差异。个人传播通常利用的是互联网、手机等平台以及今后可能出现的新的终端技术，而这种传播模式能够脱离时空和范围的限制，传播内容也易于存储和长时间的完整保存，是包涵了点对点、点对多、多对多等多种形式的一种星状网络模式的信息互动。

个人传播是一种真正的个人化、个性化和互动化传播，它依托的互联网技术可以实现任何人在任意时间、任意地点、以任意终端与全球任意一个人连接，推动现代传播格局的改变，正在对人类社会生活的各个方面产生不可估量的作用和影响。在世界传播中华文化，我们需要"个人英雄主义"，如果有更多的个体主动利用诸如 E-mail、博客与微博、维基、RSS 订阅、播客、P2P（如 BitToremt、eMule）、社会化网络（如 Facebook、Twitter、微信、QQ）等方式，传播中华文化，将彻底改变中华文化对外传播的格局。因此，应积极鼓励更多的个体，参与中华文化传播，积极促进专业化传播个体的成长，合理地传播中华文化。

第 5 章
新时代中华文化对外传播路径策略选择

5.1 维护中国文化安全的缘由

当前,世界百年未有之大变局加速演进。从国际环境来看,国际安全形势错综复杂,不确定性和不稳定性日趋增加,中国社会主义现代化建设面临各种传统和非传统的安全挑战。从国内发展角度来看,我国发展仍然处于重要战略机遇期,在全面推进社会主义现代化建设进程中还面临着政治、经济、文化发展等诸多方面的需求,确保国家安全已然是实现中华民族伟大复兴这一使命和进程中至关重要的一项任务和一个必不可少的大前提。

党的二十大报告指出,"中国式现代化是物质文明和精神文明相协调的现代化。物质富足、精神富有是社会主义现代化的根本要求",[①] 明确到 2035 年基本实现社会主义现代化,建成文化强国。领会报告精神,文化强国在我国建成社会主义现代化强国过程中占据着举足轻重的战略地位;与此同时,报告也进一步强调了文化强国的建设对于全面深入推动我国建成社会主义现代化强国具有重大意义。因此,全面贯彻落实党的二十大关于文化强国建设的战略部署,科学把握文化强国建设的战略基本点,是推动实现中国式现代化的重要内容,也是中国式现代化鲜明特色的重要体现。[②]

审时度势,为有效应对国际、国内多方面的安全压力,保障我国的稳定与和

[①] 阿东. 在习近平新时代中国特色社会主义思想指引下 动员引领广大青年为全面建设社会主义现代化国家而团结奋斗——在中国共产主义青年团第十九次全国代表大会上的报告 [J]. 中国共青团, 2023 (12): 9-27.

[②] 颜隆忠. 中国式现代化进程中文化强国建设的战略审视 [J]. 东南学术, 2024 (01): 33-41.

平，为实现中华民族伟大复兴的战略目标创造必须的安全环境，2014年4月15日，在国家安全委员会第一次会议上，习近平第一次提出总体国家安全观这一重大战略思想，指出："当前我国国家安全内涵和外延比历史上任何时候都要丰富，时空领域比历史上任何时候都要宽广，内外因素比历史上任何时候都要复杂，必须坚持总体国家安全观，以人民安全为宗旨，以经济安全为基础，以军事、文化、社会安全为保障，以促进国际安全为依托，走出一条中国特色国家安全道路。"①

为了贯彻落实总体国家安全观要求，2015年7月1日，第十二届全国人民代表大会常务委员会第十五次会议表决通过了新的国家安全法，国家主席习近平签署第29号主席令予以公布，《中华人民共和国国家安全法》正式颁布实施，有力推动了我国国家安全法制建设的进程。

5.2 维护中国文化安全的内涵

5.2.1 文化安全的基本概念

《中华人民共和国国家安全法》第二十三条规定，国家坚持社会主义先进文化前进方向，继承和弘扬中华民族优秀传统文化，培育和践行社会主义核心价值观，防范和抵御不良文化的影响，掌握意识形态领域主导权，增强文化整体实力和竞争力。② 国家安全法体现了总体国家安全观的要求，文化安全是国家安全总体布局的有机组成部分。

那么，如何理解文化安全？文化安全是指一国的观念形态的文化（如民族精神、政治价值理念、信仰追求等）生存和发展不受威胁的客观状态，它是国家安全的重要组成部分。国家文化安全的状态随着内部和外部条件的变化也做出相应

---

① 习近平总体国家安全观图解 [J]. 人民论坛，2017 (29)：24-25.
② 中华人民共和国中央人民政府网站. https://www.gov.cn/xinwen/2015-07/01/content_2888316.htm.

的调整和变化。

5.2.2 文化安全的具体内容

文化安全作为国家安全的重要领域，是构建中国精神、凸显中国价值、汇聚中国力量、推进文化强国建设的重要保障。当前，围绕"国家文化安全"相关问题，学者们开展了一系列深入探讨，话题涉及国家文化安全的基本内涵、历史演进与建构，具体表现形态：如意识形态安全、文化资源安全、网络文化安全等，以及新时代维护国家文化安全的路径等方面。[①]

文化遗产作为文化安全的重要组成部分，其生存环境随着经济全球化趋势的发展也受到了一定影响。我们不时从新闻中得知身边的历史文化名城、古代建筑、风景名胜区遭到破坏，文物在国内和国外展出过程中出现的人为破坏等现象。众所周知，文化遗产是不可再生的珍贵资源。因此，加强文化遗产保护刻不容缓。我们呼吁相关部门从国家和历史负责的高度，本着维护国家文化安全的态度，充分认识到保护文化遗产的重要性，进一步增强责任感和紧迫感，切实做好文化遗产的保护工作。

良好的风俗习惯作为非物质文化遗产，也有其独特之处。风俗习惯不仅仅是历史的产物，也为本国本地本民族人民的生产生活提供了物质基础和精神依托，并在无形中增加了民族亲和力和向心力，对维系国家和民族的团结稳定发挥着不可替代的积极作用。

新时代中国社会主义现代化建设高度重视文化安全，"把文化安全与军事安全和社会安全这些一道并列为国家安全的保障"。[②] 我国文化安全不仅需要考虑外部意识形态对中国特色社会主义事业的冲击和抹黑，也要预警近年来国内外数字文化产业的兴起对本土价值观的冲击；通过文化数字化发展数字文化产业，使

[①] 吴琼，孙程芳.人工智能时代的国家文化安全风险及其规避 [J].南昌大学学报（人文社会科学版），2023（03）：111-118.

[②] 胡惠林.一个更加开放的中国如何定义国家文化安全？——国家文化安全研究的中国进路与未来思考 [J].学习与实践，2020（08）：115-125.

之成为"维护国家文化安全的主阵地和当前意识形态工作创新的依托力量"。[①] 2022年中国印发《关于推进实施国家文化数字化战略的意见》，该文件提出为了实现有力保障文化安全，需要形成国家文化专网、标识解析溯源、加强文化数据安全保障、加强文化数字化全链条监管等任务举措，从技术上有效维护文化安全，化解风险[②]。

5.2.3 维护文化安全的要求

随着科学技术日新月异，国家文化安全的内涵和外延也在不断发展。因此，我们要用动态和发展的眼光看待国家文化安全，既要立足于当前存在的危机，维护中国文化的生存安全；又要着眼于可能对文化健康发展不利的隐性因素，确保中国文化的长期安定稳固。

习近平总书记指出："以数千年大历史观之，变革和开放总体上是中国的历史常态。中华民族以改革开放的姿态继续走向未来，有着深远的历史渊源、深厚的文化根基。"[③] 在茫茫历史长河中，闭关锁国政策只维持了相对较短的时期，中华文化的鲜明特征之一就是开放与包容。习近平总书记在文化传承发展座谈会上指出："中华文明从来不用单一文化代替多元文化，而是由多元文化汇聚成共同文化，化解冲突，凝聚共识。"[④]

纵观中国文明文化的发展和变迁，中国文化对外传播的例子不胜枚举。古代宋朝时期开放了一系列对外贸易口岸，我国的四大发明，诸如火药、活字印刷术、指南针等科技成果伴随中外文化的交流，其影响远及欧洲。由此可见，"如果历史观错误，不仅达不到学习教育的目的，反倒会南辕北辙、走入误区"[⑤]，只有放眼全局，才能避免产生一叶障目的谬误。

---

① 范玉刚. 新时代数字文化产业的发展趋势、问题与未来瞩望 [J]. 中原文化研究, 2019 (01)：69-76.
② 赵东. 文化数字化：中国式文化现代化的时代方略 [J]. 深圳大学学报（人文社会科学版），2023, 40 (04)：55-64.
③ 习近平. 在庆祝改革开放40周年大会上的讲话 [M]. 人民出版社. 2018年版第40页.
④ 习近平. 在文化传承发展座谈会上的讲话（一）[J]. 环境, 2024 (02)：10-11.
⑤ 徐朝江. 习近平总书记在党史学习教育动员大会上的讲话摘录 [J]. 文艺生活（艺术中国），2023 (07)：4.

5.3 维护中国文化安全的有效路径

随着中国不断加快高水平对外开放的步伐,如何提升中国文化的国际传播力,如何讲好中国故事,兼顾国内与国际两个大局,形成同我国综合国力和国际地位相匹配的国际话语权,深化文明交流互鉴,推动中国文化更好走向世界成为了当下亟待探索和研究的任务。

5.3.1 构建中国文化传播话语和叙事体系

习近平总书记指出:"中华文明源远流长、博大精深,是中华民族独特的精神标识,是当代中国文化的根基,是维系全世界华人的精神纽带,也是中国文化创新的宝藏。"[1] 党的二十大报告明确提出,"加快构建中国话语和中国叙事体系,讲好中国故事、传播好中国声音,展现可信、可爱、可敬的中国形象","加强国际传播能力建设,全面提升国际传播效能,形成同我国综合国力和国际地位相匹配的国际话语权"。[2]

随着 VUCA(Volatility(易变性)、Uncertainty(不确定性)、Complexity(复杂性)、Ambiguity(模糊性))[3] 时代的到来,给中国文化的对外传播带来了新的机遇和挑战。加快构建中国话语和叙事体系,可以考虑通过多渠道表达方式来实现。话语方式的突破需要思维方式的突破。中国文化想要顺利实施"走出去"的路线,就需要在文化产品打造上花心思,努力找到文化受众群体的共性需求,比如对道义、对善良和对爱国的坚守等,然后将这些元素融入到文化产品中,从而推向全世界。在文化的传播过程中,培养和强调创新意识、创造思维,使得更多中国影视作品、文学作品、物质和非物质文化遗产等具有自主知识产权的产品

---

[1] 人民网,人民日报. http://opinion.people.com.cn/n1/2022/0606/c1003-32438714.html

[2] 习近平. 高举中国特色社会主义伟大旗帜 为全面建设社会主义现代化国家而团结奋斗——在中国共产党第二十次全国代表大会上的报告\[N\]. 人民日报,2022-10-26(1).

[3] BENNETT, LEMOINE. What VUCA really means for you [J]. Harvard Business Review, 2014, 92 (1/2): 27-27.

问世,"实现文化领域由'中国制造'到'中国创造''中国智造'的跨越。"①

通过全方位媒体平台有力推动多元主体的积极参与。充分利用融媒体的特点和优点,例如,官方媒体拥有权威的话语权,可以通过新闻发布会、对外文化交流、经贸活动、传统媒体和新媒体等平台传播推送信息;至于非官方性质的媒体平台,在合规的前提下,鼓励其进行评论、转发等裂变活动,从而激发出媒体平台的多样性和公共性;作为普通民众,可以从第一人称视角出发,以生动、真实、形象的叙事手法,展示发生在自己身边的日常事件,发生在自己生活中的真实变化,使话语更有温度并能引起共情、共鸣。

5.3.2 推动中国文化传播数字化体系建设

国家文化安全是"国家总体安全观"的重要保障。文化数字化发展催生了新的国家文化安全形态——数字文化安全,② 国际间文化领域的竞争中,数字产业成为维护国家数字文化安全的主要阵地。数字文化产物不仅可以带来可观的经济效益,在关乎社会生活的其他诸多领域同样发挥着举足轻重的影响。因此,在文化以数字化媒介对外传播过程中,我们既要注重经济利益,避免陷入资本陷阱,又要坚持正确的价值导向,采取积极有效措施维护传播过程中的文化安全。

从经营观念层面看,从事中国文化对外传播的企业应该牢牢树立国家数字文化安全观,坚持中国道路自信、理论自信、制度自信、文化自信,在跨文化商务交流合作过程中,时刻保持国家安全意识。从风险评估角度看,政府机构应牵头推进数字文化安全相关的风险评估工作,推动构建多维度评价指标体系,建立安全预警机制。从监管力度来说,联合政府部门、行业协会等为主体,多方共同构建数字文化安全监管机制,在重点领域进行调研和规划,主动维护国家安全和企业利益。③

互联网技术的飞速发展,给国家文化安全带来新的变量,对维护国家文化安

---

① 胡欢,李晓虹. VUCA 时代在线教育技术与趋势 [J]. 中国冶金教育,2023 (03):21-24.
② 杨皖宁. 应建构数字出版的文化安全观 [J]. 科技与出版,2020 (05):121-125.
③ 裴永刚,索煜祺. 文化数字化战略下我国数字出版对外传播体系建设 [J]. 出版广角,2024 (01):34-40.

全和文化传播安全提出了新的要求。当前，中国文化面临着纷繁复杂的国际态势，在推动中华文化创新性传播过程中，文化传播工作者要把文化安全视为文化传播的生命线，"把握和发挥互联网平台舆情监测、数据分析、内容分发、舆论引导的作用，瞄准世界文明发展前沿，及时跟进、研判分析国际趋势和舆情风向，并有理、有节、有据、有针对性地进行舆论引导，为确保国家文化思想领域的安全做出贡献"。[①]

随着全球互联网与数字技术的不断普及，数字化策略成为了中国文化实现走向世界的一个重要依托。文化数字化的转变，有力推动了数字中国的建设和文化强国的战略发展，中国文化数字化传播与合作为"一带一路"共建国家提供了数字丝绸之路的发展机会，在这一过程中也使得中国文化话语权和叙事能力得到了提升，从而为中华文化能够在多元的国际文化环境中走出去创造了有力条件。

中国文化博大精深、源远流长，中国拥有丰富的传统文化资源。中国文化想要让世界愿意了解、能够理解、欣然接受，还需要进一步的加工和打磨，进而才能扩大影响力，转变为国家文化软实力。从文化资源大国发展成为文化强国，中国需要借助数字技术的东风来提高中华文化的国际传播力和吸引力，树立可信、可爱、可敬的中国形象。如今，数字资源成为国际竞争的战略性资源。数字中国在文化层面的建设，文化数字化和文化产业的数字化建设必不可少。

5.3.3 强化文化传播安全意识

当今世界的时代主旋律依然是和平与发展。然而不可否认的是，一些不和谐的声音依然存在，也有一些不友好势力仍然打着各种各样的幌子，在世界各地鼓吹不恰当言论，煽动不良情绪。在这种境况下，中国文化的安全传播，离不开斗争精神和斗争本领，中国文化的传播者们要敢于进行文化斗争。奋斗求生存，文化安全是斗争来的。文化要经历"千锤百炼，风吹雨打"，只有经历斗争，文化传播才能铸就铮铮铁骨。

文化安全是国家安全的重要组成部分。当前，我国文化安全态势总体良好，

---

① 高晓虹，李怡滢. 以习近平文化思想引领中华文明创新性传播 [J]. 未来传播，2024，31 (01)：2-8+123.

但也有一些不良文化试图侵蚀我国社会主义先进文化和民族优秀传统文化。如果不采取措施加以防范和制止，就会对我国文化安全构成严重威胁。因此，国家安全法对维护文化安全的任务做出规定，核心是坚持社会主义先进文化前进方向，继承和弘扬中华民族优秀传统文化，培育和践行社会主义核心价值观，防范和抵御不良文化的影响，增强文化整体实力和竞争力。

党的十八大以来，根据国内国际形势的变化，历次文化传播相关的工作会议均对思想文化建设的使命和任务做出了十分重要的战略部署。① 2013 年全国宣传思想工作会议上，习近平指出："在全面对外开放的条件下做宣传思想工作，一项重要任务是引导人们更加全面客观地认识当代中国、看待外部世界"；② 在 2018 年全国宣传思想工作会议上，习近平总书记指出，做好新形势下文化宣传工作，必须"自觉承担起举旗帜、聚民心、育新人、兴文化、展形象的使命任务"，"建设具有强大凝聚力和引领力的社会主义意识形态，是全党特别是宣传思想战线必须担负起的一个战略任务"③；2023 年全国宣传思想文化工作会议传达了习近平的重要指示："宣传思想文化工作面临新形势新任务，必须要有新气象新作为。要坚持以新时代中国特色社会主义思想为指导，全面贯彻党的二十大精神，聚焦用党的创新理论武装全党、教育人民这个首要政治任务"。④

5.3.4 坚持文化自信自强

实现中华民族的伟大复兴是每一个中国人为之奋斗不止的梦想。实现民族复兴大业的中国一定是一个现代化强国。一个现代化的强国在文化层面也一定会表现出其拥有的自信和底气。只有拥有强大的文化自信力和文化影响力，当遇到外

---

① 辛向阳，吕耀龙. 从"七大思维"看习近平文化思想 [J]. 当代世界与社会主义，2024（01）：30-40.
② 《习近平著作选读》第 1 卷 [M]. 人民出版社 2023 年版，第 149-150 页.
③ 《习近平谈治国理政》第 3 卷 [M]. 外文出版社 2020 年版，第 312 页.
④ 《习近平对宣传思想文化工作作出重要指示 强调坚定文化自信秉持开放包容坚持守正创新 为全面建设社会主义现代化国家 全面推进中华民族伟大复兴提供坚强思想保证强大精神力量有利文化条件》，载于 2023 年 10 月 9 日《人民日报》.

来文化冲击时，才能依靠其自身文化安全的保障能力。[①] 正因如此，习近平总书记强调："坚定文化自信，是事关国运兴衰、事关文化安全、事关民族精神独立性的大问题"。[②] 文化自信既是文化强国应有的内核，也是维系文化安全和推动文化强国建设的强大精神力量。

文化自信自强与中国文化话语权同属于文化软实力的范畴。"中华民族伟大复兴需要以中华文化繁荣兴盛为条件"。[③] 文化的繁荣兴盛为国家软实力的发展打下夯实基础，其表现形式虽然不如硬实力明显，但其带来的影响力却更为深远，是中国实现民族复兴必不可少的重要因素。在多元文化的交流中，只有坚定文化自信自强，才能扎实文化定力、坚守文化价值，从而锚定民族复兴不可逆转的方向。[④] 实现中华民族伟大复兴进程中，我们只有以文化自信自强的提升为铺垫，才能为中华民族复兴赢得国际社会的认同。与此同时，为了积极推动中华民族的伟大复兴，我们在日常实践中还需要积极发挥文化话语权的促进作用。

构建中国文化话语和叙事体系，是打造中国文化软实力的关键，也是推进中华民族伟大复兴进程的必然举措。完成这一任务，不仅能够维护中华民族文化发展的权益，使中国文化发挥世界影响力，也能为中华民族复兴创造良好的国际环境。

文化自信是文化传播的前提。中华文化在世界文化发展过程中占据举足轻重的地位。不论是过去还是现在，中国文化都具有超凡的文化影响力。过去的一个多世纪以来，中国共产党传承弘扬中华优秀传统文化，在动荡不安和百废待兴的时代，创造了带有中国特色的革命文化和社会主义文化。这一壮举不仅丰富了中华文化的思想内涵，也更提振了中国人民的文化自信。伴随着这份底气，中国文化在对外传播过程中才表现得更加自信。"中国智慧、中国理念、中国故事在国际社会的认可度也越来越高，中国方案逐渐成为世界共识，中华文明传播力影响

---

① 熊燕华.文化强国视域下文化自信的内涵、价值及实践路向［J］.湖南社会科学，2023（02）：36-41.
② 《习近平谈治国理政》第2卷［M］.北京：外文出版社，2017：36, 349.
③ 习近平关于社会主义文化建设论述摘编［M］.北京：中央文献出版社，2017.
④ 邢海晶.文化自信自强：中国文化话语权建设的路径探索［J］.湖湘论坛，2023，36（06）：31-41.

力也越来越大。"①

文化自信不等于"闭门造车""自命清高",增强文化自信,还有一个层面,即如何看待求同存异中"异"的问题。真正的文化自信应该是一种寻求相同、尊重不同、积极交流、乐于学习的心态;是一种努力推动中国文化积极大胆走出去,兼收并蓄其他优秀文化,"推进不同文明形态共生、共融、共进的心理倾向"。② 我国文化与他国文化交往过程中,我们要怀着一颗包容的心,在交流互鉴中实现创新性发展,推进中华文化稳步走向世界,讲好中国故事、传播中国声音、展示多元立体的中国形象。

具体做法可以从以下几个方面进行尝试。首先,加大文化领域相关人才的培养。党的二十大报告强调,要"培育造就大批德艺双馨的文学艺术家和规模宏大的文化文艺人才队伍"。③ 我们并不缺乏中国故事的素材,而是缺少能讲好中国故事的人。要树立"人才为本"的观念,深化文化人才体制机制改革,着重培养和激励文化人才的创新意识和能力,打造一批有能力、有想法、有见识的文化传播大使。其次,增强中华文化的国际影响力。长期以来,西方国家掌握着政治、新闻、学术等方面的话语权,讲好中国故事、传播中国声音并非易事。想要冲破壁垒,我们就要深入挖掘中国文化中所蕴藏的精髓,倾力打造出具有中国特色、中国风格和中国精神的佳作。另外,我们还应加强世界文化多样性的相关研究。根据不同地域的特征,采用多样化定制化的传播方式"精准投放"文化作品,推动中华文化更好地"走出去"。当然,我们也应该重视对不同文化的吸收和借鉴。"走出去"固然重要,"引进来"同样不容忽视。我们要秉承"美美与共,和而不同"的原则,积极广泛开展多边文化交流,主动了解和借鉴不同文化的精华和优点,推动中国文化自身更好更全面地发展。

---

① 徐国亮,薛伟.习近平文化思想视域下中华优秀传统文化国际传播的四重维度 [J].浙江工商大学学报,2024(02):1-11.

② 娄梦玲.新时代增强文化自信的实践遵循、主要路径及价值意蕴 [J].学校党建与思想教育,2024(05):39-42.

③ 习近平.高举中国特色社会主义伟大旗帜为全面建设社会主义现代化国家而团结奋斗——在中国共产党第二十次全国代表大会上的报告(2022年10月16日)[M].北京:人民出版社,2022.

5.3.5 文化主体性

维护中国文化需要不断巩固中华民族文化的主体性。当今世界呈现出多元文化并存的局面，但一些外部文化仍具有较强的影响力。中国文化在对外传播过程中需要不断巩固其自身的文化主体性，这关乎到中国文化和中华民族是否能自信地屹立于世界文化和民族之林。习近平总书记强调："文化是一个国家、一个民族的灵魂。文化兴国运兴，文化强民族强"，① "任何文化要立得住、行得远，要有引领力、凝聚力、塑造力、辐射力，就必须有自己的主体性"。② 中国文化建设和传播过程中，需要不断巩固文化主体性，为夯实中华民族的精神独立性、推动文化繁荣、建设文化强国、建设中华民族现代文明提供重要保证。

5.4 维护中国文化安全传播的价值与意义

维护中国文化安全，有助于维护中国文化的内在和外在影响力。"一个国家或民族强大与否，不仅取决于经济实力，同时也取决于文化的影响力。"③ 中国文化的影响力，从内部来看，其表现为以文化凝聚人心，以文化鼓舞信心，从而建立起深厚的文化认同感；从外部看，其表现为以文化塑造环境，以文化促进交往，从而营造出一呼百应的文化感召力。所以，如果一个文化失去了其内生影响力，就很有可能带来文化凝聚力的下降，以及文化自信力的丧失，文化认同感的削弱，最终导致全民精神危机，甚至是影响到国家与社会的稳定。倘若一个文化失去了其外在影响力，也有可能引发一系列不容乐观的后果，比如文化生存环境逐步恶化，文化之间的交流交往受到阻碍，自身文化难以被广泛接受，最终导致本土文化被孤立冷落，从而失去持续发展的活力。

---

① 习近平.《决胜全面建成小康社会夺取新时代中国特色社会主义伟大胜利——在中国共产党第十九次全国代表大会上的报告》人民出版社 2017 年版第 40-41 页.
② 习近平.《在文化传承发展座谈会上的讲话》人民出版社.2023 年版.第 8 页.
③ 梁艳君.民族典籍外译与国家文化安全 [J].广西民族研究，2023（04）：159-165.

第5章　新时代中华文化对外传播路径策略选择

中国文化对外传播的过程是向世界传播符合人类共同价值理念的过程。中国优秀文化在对外传播过程中，必然需要去伪存真，取其精华、去其糟粕，深入挖掘其中所蕴含的人文主义精神、道德规范与情操等元素。通过多种途径传播到全球社区，让各国人民有机会了解中国文化的真谛。与此同时，中国文化在国际传播过程中，也不断地主动借鉴人类一切优秀文明成果，在吸收学习、兼容并蓄的过程中不断提升自身的影响力。

习近平总书记指出："深化文明交流互鉴，推动中华文化更好走向世界。"[①] 并指出："中华文明是在同其他文明不断交流互鉴中形成的开放体系。从历史上的佛教东传、'伊儒会通'，到近代以来的'西学东渐'、新文化运动，马克思主义和社会主义思想传入中国，再到改革开放以来全方位对外开放，中华文明始终在兼收并蓄中历久弥新。"[②] 坚持以习近平文化思想为指导，推动中国文化的国际传播，从而在潜移默化中影响国际文化秩序的建立，并积极参与到全球文化治理的过程中，不断增强中国文化文明的传播力和影响力，"推动中国主流价值观念与构建人类命运共同体的价值观相向而行"。维护中国文化安全，符合世界文化发展的要求。中国文化历经几千年历史的洗礼和实践的检验，凝结了无数先贤圣人的智慧，蕴藏着当今社会可以借鉴的经验。推动中华优秀传统文化对外传播，要着眼于中国和世界发展进程中所面临的挑战与机遇，为实现全人类共同价值和人类命运共同体贡献中国力量。

中国文化中"天下为公"的理念与全人类的共同价值不谋而合。传播中国最新文化成果，有利于推动中华文明与世界上其他文明携手共同进步。中华优秀传统文化饱含丰富的社会哲学、治理方略、家国情怀、精神追求等理念，中国文化的对外传播，有利于将这些弥足珍贵的价值理念和精神文化财富转换为全球发展提供强大助力。

---

① 习近平. 习近平著作选读：第1卷 [M]. 北京：人民出版社，2023.
② 习近平. 习近平外交演讲集：第2卷 [M]. 北京：中央文献出版社，2022：198.

参考文献

[1] [南朝宋] 范晔著, [唐] 李贤等注. 续汉书 [M]. 北京：中华书局, 1965.

[2] [南朝宋] 范晔著, 李贤等注. 后汉书 [M]. 北京：中华书局, 2012.

[3] [宋] 李昉. 太平御览 [M]. 北京：中华书局, 2011.

[4] [西汉] 司马迁著, 郑红峰译. 史记 [M]. 北京：光明日报出版社, 2015.

[5] [英] 泰勒 著, 连树声 译. 原始文化：神话、哲学、宗教、语言、艺术和习俗发展之研究——原始文化经典译丛 [M]. 桂林：广西师范大学出版社, 2005.

[6] 《习近平对宣传思想文化工作作出重要指示 强调坚定文化自信秉持开放包容坚持守正创新 为全面建设社会主义现代化国家 全面推进中华民族伟大复兴提供坚强思想保证强大精神力量有利文化条件》, 载于 2023 年 10 月 9 日《人民日报》.

[7] 《习近平谈治国理政》第 2 卷 [M]. 北京：外文出版社, 2017：36, 349.

[8] 《习近平谈治国理政》第 3 卷 [M]. 外文出版社 2020 年版, 第 312 页.

[9] 《习近平谈治国理政》第 2 卷 [M]. 北京：外文出版社, 2017.

[10] 《习近平著作选读》第 1 卷 [M]. 人民出版社 2023 年版, 第 149-150 页。

[11] 阿东. 在习近平新时代中国特色社会主义思想指引下动员引领广大青年为全面建设社会主义现代化国家而团结奋斗——在中国共产主义青年团第十九次全国代表大会上的报告 [J]. 中国共青团, 2023 (12)：9-27.

[12] 班固著, 颜师古注. 汉书 [M]. 北京：中华书局, 2012.

[13] 蔡崇敏, 姚军元. 浅析"新媒体"的主要形式及发展现状 [J]. 西江月, 2012 (5)：174.

[14] 常青. 两汉砖石拱顶技术探源 [J]. 自然科学史研究, 1991 (1)：66-69.

[15] 陈寿著, 三国志 [M]. 北京：光明日报社, 2015.

[16] 崔寔著, 石聲汉注. 四民月令 [M]. 北京：中华书局, 2013.

[17] 丁晓艳. 谈新媒体时代新闻编辑的媒介素养 [J]. 科学与财富, 2018 (6): 173-174.

[18] 董莉莉. 丝绸之路与汉王朝的兴衰 [D]. 济南: 山东大学, 2021.

[19] 范玉刚. 新时代数字文化产业的发展趋势、问题与未来瞩望 [J]. 中原文化研究, 2019, 7 (01): 69-76.

[20] 高晓虹, 李怡滢. 以习近平文化思想引领中华文明创新性传播 [J]. 未来传播, 2024, 31 (01): 2-8+123.

[21] 韩昇, 刘建英. 隋唐帝国与东亚 [M]. 兰州: 兰州大学出版社, 2012.

[22] 胡欢, 李晓虹. VUCA时代在线教育技术与趋势 [J]. 中国冶金教育, 2023 (03): 21-24.

[23] 胡惠林. 一个更加开放的中国如何定义国家文化安全?——国家文化安全研究的中国进路与未来思考 [J]. 学习与实践, 2020 (08): 115-125.

[24] 霍桂桓. 文化哲学论要 [M]. 北京: 中国社会科学出版社, 2011.

[25] 拉科·益西多杰. 藏传佛教高僧传略 [M]. 西宁: 青海人民出版社, 2019.

[26] 梁艳君. 民族典籍外译与国家文化安全 [J]. 广西民族研究, 2023 (04): 159-165.

[27] 梁勇. 徐福东渡-海上丝路前奏 [J]. 当代人, 2016 (5): 68-70.

[28] 林少雄. 中国服饰文化的深层意蕴 [J]. 复旦学报, 1997 (03): 62-68+110.

[29] 刘安等著, 陈广忠译. 淮南子 [M]. 北京: 中华书局, 2022.

[30] 刘光容. 政府协同治理: 机制、实施与效率分析 [D]. 武汉: 华中师范大学, 2008.

[31] 刘歆著, 刘洪妹译. 西京杂记 [M]. 北京: 中华书局, 2016.

[32] 刘余莉. "仁义礼智信" 研究三十年 [J]. 河南社会科学, 2010, 18 (01): 187-190.

[33] 娄梦玲. 新时代增强文化自信的实践遵循、主要路径及价值意蕴 [J]. 学校党建与思想教育, 2024 (05): 39-42.

[34] 马克思, 恩格斯. 马克思恩格斯全集 [M]. 北京: 人民出版社, 2013.

[35] 牛光夏,徐晨.形象宣传片的传播取向与价值诉求[J].青年记者,2016(12):68-70.

[36] 潘洁敏.东亚区域的文化共性探析——以日本茶道和谐美的考察为中心[J].东南亚研究,2009(2):77-81.

[37] 裴永刚,索煜祺.文化数字化战略下我国数字出版对外传播体系建设[J].出版广角,2024(01):34-40.

[38] 彭新良.外交学研究中的一个新领域——关于文化外交的几点思考[J].宁波大学学报(人文科学版),2006(4):59-64.

[39] 乔艳敏.中西茶文化与咖啡文化的比较[J].中国市场,2016(2):202-203.

[40] 曲慧敏.中华文化走出去战略研究[D].北京:北京外国语大学,2012.

[41] 任力,章阳,高拴平.中国与"一带一路"共建国家文化贸易成效、挑战与对策[J].国际贸易,2024(02):47-57.

[42] 邵培仁.传播学[M].北京:高等教育出版社,2015.

[43] 石云涛.元代丝绸之路及其贸易往来[J].人民论坛,2019(14):142-144.

[44] 王剑波.宋元海上丝绸之路的财富源头——龙泉及瓯江两岸在宋元海上丝绸之路中的重要地位[J].人民论坛,2018(17):143-144.

[45] 闻人军译注.考工记[M].上海:上海古籍出版社,2021.

[46] 吴琼,孙程芳.人工智能时代的国家文化安全风险及其规避[J].南昌大学学报(人文社会科学版),2023,54(03):111-118.

[47] 习近平.高举中国特色社会主义伟大旗帜为全面建设社会主义现代化国家而团结奋斗——在中国共产党第二十次全国代表大会上的报告(2022年10月16日)[M].北京:人民出版社,2022.

[48] 习近平.习近平外交演讲集:第2卷[M].北京:中央文献出版社,2022:198.

[49] 习近平.习近平著作选读:第1卷[M].北京:人民出版社,2023.

[50] 习近平.决胜全面建成小康社会夺取新时代中国特色社会主义伟大胜利

——在中国共产党第十九次全国代表大会上的报告［M］．人民出版社 2017 年版第 40-41 页．

［51］习近平. 在文化传承发展座谈会上的讲话［M］．人民出版社．2023 年版．第 8 页．

［52］习近平. 在文化传承发展座谈会上的讲话（一）［J］．环境，2024（02）：10-11．

［53］习近平. 在庆祝改革开放 40 周年大会上的讲话［M］．人民出版社．2018 年版第 40 页．

［54］习近平关于社会主义文化建设论述摘编［M］．北京：中央文献出版社，2017．

［55］习近平总体国家安全观图解［J］．人民论坛，2017（29）：24-25．

［56］辛向阳，吕耀龙. 从七大思维看习近平文化思想［J］．当代世界与社会主义，2024（01）：30-40．

［57］邢海晶. 文化自信自强：中国文化话语权建设的路径探索［J］．湖湘论坛，2023，36（06）：31-41．

［58］熊燕华. 文化强国视域下文化自信的内涵、价值及实践路向［J］．湖南社会科学，2023（02）：36-41．

［59］徐朝江. 习近平总书记在党史学习教育动员大会上的讲话摘录［J］．文艺生活（艺术中国），2023（07）：4．

［60］徐国亮，薛伟. 习近平文化思想视域下中华优秀传统文化国际传播的四重维度［J］．浙江工商大学学报，2024（02）：1-11．

［61］颜隆忠. 中国式现代化进程中文化强国建设的战略审视［J］．东南学术，2024（01）：33-41．

［62］杨天才，张善文. 周易［M］．北京：中华书局，2022．

［63］杨皖宁. 应建构数字出版的文化安全观［J］．科技与出版，2020（05）：121-125．

［64］张泗考. 跨文化传播视域下中华文化走向世界战略研究［D］．石家庄：河北师范大学，2016．

［65］张西平. 西方游记汉学的奠基之作——《马可·波罗游记》的历史价值［J］. 社会科学论坛，2017（8）：115-122.

［66］赵东. 文化数字化：中国式文化现代化的时代方略［J］. 深圳大学学报（人文社会科学版），2023，40（04）：55-64.

［67］智昇著，富世平校. 开元释教录［M］. 北京：中华书局，2018.

［68］朱菁菁. 影视剧中的茶文化［J］. 青年文学家，2015（29）：99-100.